MIX, SHAKE, COCKTAIL

MIX, SHAKE, COCKTAIL

TOLLE REZEPTE UND PROFITRICKS ZUR KUNST DES MIXENS

LOVE FOOD™

INHALT

Dieses anschauliche Buch mit seinen herrlichen Rezepten und ansprechenden Fotografien wird schnell zum unersetzlichen Begleiter für jeden Barkeeper. Die umfangreiche Rezeptsammlung enthält tolle Partycocktails, klassische Short- und Longdrinks sowie elegante Aperitifs und Digestifs für Ihre Gäste. Alle Rezepte sind einfach und verständlich beschrieben, sodass Ihnen jeder Cocktail garantiert gelingt.

Cocktails sind aus unserem Leben nicht mehr wegzudenken. Um die Entstehung des Begriffs „Cocktail" – wörtlich übersetzt „Hahnenschwanz" – ranken sich viele Legenden und Geschichten. Eine davon lautet folgendermaßen: Während des Amerikanischen Unabhängigkeitskrieges fanden sich regelmäßig amerikanische und französische Soldaten in Betsys Taverne ein, wo sie das ein oder andere Glas eines alkoholhaltigen Eigengebräus namens „Betsy's Bracer" tranken. Eines Abends, während eines wilden Trinkgelages, klaute ein amerikanischer Soldat ein paar Hähne vom Nachbargrundstück. Nachdem er zurückgekommen war, stieß er angeblich mit den Worten „Auf dieses herrliche Getränk, das dem Gaumen ebenso viel Freude bereitet wie ein Hahnenschwanz dem Auge" mit seinen Freunden an. Ein französischer Offizier soll darauf „Vive le cocktail!" ausgerufen haben – und der Begriff „Cocktail" war geboren.

Cocktails waren von Anfang an immer dem Zeitgeist unterworfen, angefangen in der amerikanischen Prohibition in den 1930er-Jahren, um den unangenehmen Geschmack des selbst gebrannten Fusels zu überdecken, oder die schlichten, eleganten Cocktails, die nicht zuletzt durch Filmstars zu Klassikern wurden, sowie die bunten, schrillen Kreationen der 1980er-Jahre bis hin zu den heutigen Cocktailtrends.

Wer bei der Kunst des Cocktailzubereitens einige einfache Regeln beherzigt, kann eigentlich nichts falsch machen. Dieses Buch macht Sie zunächst mit grundsätzlichen Methoden vertraut, die Sie bei den vorgestellten Rezepten anwenden können. Lesen Sie daher erst die folgende Einführung zu den wichtigsten Begriffen und Techniken aufmerksam durch, bevor Sie sich an die Praxis wagen. So ist Ihnen der Erfolg garantiert.

AUSSTATTUNG

COCKTAILSHAKER

Der Standardshaker ist ein Metallbehälter mit einem Fassungsvermögen von 500 ml. Er hat einen Deckel, in den ein Barsieb zum Abseihen des Cocktails integriert ist. Falls Ihr Shaker nicht über einen solchen Deckel verfügt, benötigen Sie ein separates Barsieb.

RÜHRGLAS

Es wird dazu genutzt, gerührte Cocktails herzustellen. Sie können dazu auch Karaffen oder jedes andere größere Behältnis verwenden, wenn Sie kein professionelles Rührglas kaufen möchten.

BARSIEB

Ein Barsieb oder „Hawthorn strainer" verhindert, dass Eisstücke oder andere unerwünschte Zutaten ins Cocktailglas gelangen. Haben Sie keins, können Sie auch ein feines Küchensieb benutzen.

MESSBECHER ODER BARMASS

Das geläufigste und praktischste Barmaß ist der Doppelmessbecher, der in der kleineren Seite 2 cl und in der größeren 4cl fasst. Wichtig beim Cocktail sind nicht die konkreten Mengenangaben, sondern das Verhältnis der Zutaten zueinander. Daher können Sie zum Abmessen der Bestandteile auch den kleinen Deckel des Shakers, ein Schnapsglas oder sogar einen Eierbecher verwenden.

BARLÖFFEL

Mit diesem langstieligen Löffel rührt oder schichtet man den Cocktail.

STÖSSEL

Er ist praktisch, wenn man am Boden des Glases Zutaten wie Kräuter, Zitrusfrüchte oder Zucker auspressen oder zerdrücken möchte. Sie können hierzu auch einen Mörser oder die Rückseite eines Esslöffels einsetzen.

WEITERE UTENSILIEN

Zahlreiche Küchenutensilien sind bei der Herstellung von Cocktails hilfreich: Zahnstocher, Zestenreißer, Sparschäler, Reiben, Schneidebrett, Messer sowie eine Saftpresse oder ein Mixer für cremige Cocktails. Darüber hinaus sollten Sie auch über einen Eiskübel mit Zange verfügen.

MARTINIGLAS

Mit seiner konisch geformten Schale und seinem langen Stiel, der vehindert, dass die Hand den Cocktail erwärmt, ist das Martiniglas das Cocktailglas schlechthin.

MARGARITAGLAS

Dieses Glas geht auf die alte Form der Champagnerschale zurück. Der Rand seiner weiten Schale eignet sich hervorragend für Salz- oder Zuckerränder. Es wird heute meist für Margaritas und Daiquiris eingesetzt.

HURRICANEGLAS

Die Form dieses hohen Glases mit einem kurzen Stiel soll an den Glaseinsatz alter amerikanischer Sturmlaternen erinnern. Es wurde erstmals in New Orleans in Pat O'Briens Bar zum Servieren des berühmten „Hurricane" genutzt, ist aber heute weit bekannter für exotische Fruchtcocktails.

SEKTFLÖTE

Die schlanke Form diese Glases lässt Champagner, Sekt und andere moussierende Getränke länger perlen.

LONGDRINKGLAS

Diese hohen zylindrischen Gläser sind für einfache Cocktails, die einen hohen Anteil an nichtalkoholischen Zutaten haben. Manchmal wird es auch als Highballglas oder Collinsglas bezeichnet, obwohl Letzteres etwas höher ist.

TUMBLER

Ein kurzes, stämmiges Glas, das für Shortdrinks „on the rocks" genutzt wird. Manchmal wird es auch Lowballglas, Old-Fashioned-Glas oder einfach Whiskyglas genannt.

SHOTGLAS

Unerlässlich für die Hausbar. In dieses Glas passt genau die Menge Alkohol, die in einem Zug heruntergestürzt werden kann. Es hat einen dicken Boden, damit es auch mit Schwung auf der Theke abgesetzt werden kann.

IRISH-COFFEE-GLAS

Zwei Eigenschaften zeichnen dieses Glas aus: Es ist hitzebeständig und hat einen Henkel, damit aus ihm auch heiße Cocktails wie Grog getrunken werden können.

MIXTECHNIKEN

Cocktails zubereiten ist keine Zauberei, aber es erfordert vom Cocktailmixer etwas Geschick und Erfahrung. Schließlich besteht das Mischen eines Cocktails nicht einfach nur darin, die Zutaten in ein Glas zu schütten und umzurühren. Je besser die Mischung und die Technik sind, desto besser ist auch die Qualität des Drinks. Im Folgenden stellen wir Ihnen die gängigsten Mixtechniken vor, die Sie für die Rezepte in diesem Buch kennen sollten.

SCHÜTTELN

Dabei werden alle Zutaten mit etwas Eis in einen Shaker gegeben und etwa 5 Sekunden kräftig geschüttelt. Der Sinn ist, dadurch die Zutaten schnell zu mischen, zu kühlen und Luft unterzumischen. Die Außenwand des Shakers ist nach dem Schütteln leicht beschlagen.

Durch das Schütteln im Shaker werden die Cocktailzutaten sehr gründlich vermischt. Dies ist notwendig und sogar gewollt, denn es verleiht geschüttelten Cocktails die nötige Ausgewogenheit zwischen Geschmack, Alkoholgehalt und Temperatur.

Zudem lassen sich bestimmte Zutaten wie zum Beispiel Eiweiß durch gründliches Schütteln besser binden als bei einer weniger kraftvollen Mixtechnik.

RÜHREN

Bei dieser Technik werden ebenfalls alle Zutaten mit Eis gemischt, allerdings werden sie in einem Mischglas oder einem kleinen Krug mit einem langstieligen Barlöffel nur kurz umgerührt.

Wie beim Schütteln werden die Zutaten dabei gemischt und gekühlt. Allerdings schmilzt weniger Eis, sodass der Drink nicht so stark verdünnt wird. Diese einfache Technik wird für sehr viele Drinks, wie den klassischen Dry Martini, angewendet.

AUFGIESSEN

Dabei werden die Zutaten einfach nacheinander in ein Glas gegossen, wie beispielsweise beim Gin Tonic. Wichtig ist aber, die im Rezept angegebene Reihenfolge einzuhalten. Abweichungen von der Vorgehensweise können sich auf den Geschmack des Cocktails auswirken.

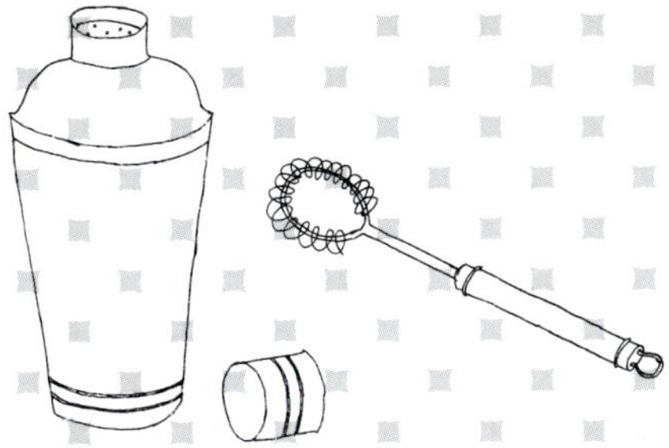

ZERDRÜCKEN

Dabei werden Zutaten gepresst, um Saft oder ätherische Öle aus Fruchtfleisch, Zitrusschalen, Kräutern und Gewürzen zu lösen. Dafür eignet sich am besten ein einfacher Cocktailstößel aus Holz, mit dem man die Zutat gut zerdrücken kann. Alternativ kann eine Teigrolle aus Holz verwendet werden.

MIXEN

Wie die Überschrift schon andeutet, werden bei dieser Technik die Zutaten in einem Mixer zerkleinert und gemischt. Angestrebtes Ziel ist meist eine samtige Textur. Üblicherweise werden die Zutaten – darunter häufig frische Früchte – dafür mit etwas Crushed Eis verarbeitet.

SCHICHTEN

Bei dieser Technik muss die Reihenfolge der Zutaten genau befolgt werden. Schwerere Zutaten kommen zuerst ins Glas. Die erste Schicht sollte in die Mitte des Glases und möglichst nicht am Glasrand entlang eingegossen werden. Für die zweite Schicht wird ein Teelöffel umgedreht über das Glas gehalten, wobei die Löffelspitze die Glaswand berührt. Nun wird die Zutat langsam über den Löffelrücken ins Glas gegossen (den Löffel beim Eingießen nach oben bewegen). Dieser Vorgang wird mit den weiteren Flüssigkeiten wiederholt – jedes Mal mit einem sauberen Löffel.

DAS RICHTIGE EIS

Eis ist ein großes Kapitel in der Welt der Cocktails. Das richtige Eis ist die Basis für einen gelungenen Cocktail, das falsche Eis macht aus jedem tollen Cocktail ein mittelmäßiges Getränk.

Eis hat zwei Funktionen: Beim Mischen kühlt und vermengt es die Zutaten. Außerdem hält es den Drink kühl, nachdem er serviert wurde. In den folgenden Rezepten werden drei Arten von Eis verwendet. Jede hat bestimmte Eigenschaften, die für die Zubereitungsart des Cocktails und seine Aromen von Vorteil sind.

EISWÜRFEL

Sie werden meist für das Finish eines Cocktails verwendet. Je mehr Eiswürfel im Glas sind, desto kälter bleibt der Drink, desto langsamer schmilzt das Eis und desto weniger wird der Cocktail verdünnt. Eiswürfel können ganz einfach zu Hause im Gefrierfach mit speziellen Gefrierbeuteln oder Eiswürfelformen hergestellt werden. Die ideale Würfelgröße für die meisten Cocktails beträgt etwa 2 cm Kantenlänge. Eiswürfel können je nach Bedarf auch zerstoßen oder zermahlen werden.

GESTOSSENES EIS

Es ist kleiner als Eiswürfel und wird in der Regel im Shaker zum Abkühlen der flüssigen Zutaten vor dem Abseihen verwendet. Um aus ganzen Eiswürfeln zerstoßenes Eis – auch „gestoßenes Eis" genannt – herzustellen, schlagen Sie die Würfel in ein sauberes Tuch und zerkleinern Sie sie mit einer Teigrolle oder einem anderen schweren Haushaltsutensil. Gestoßenes Eis sollte nicht kleiner als ein halber Eiswürfel sein.

CRUSHED ICE

Diese Art von Eis ist perfekt für gemixte Getränke, da es die Mischung schnell herunterkühlt. In einigen Getränken empfiehlt sich gestoßenes oder zermahlenes Eis, weil das Glas so mit mehr Eis gefüllt werden kann (bei den größeren Eiswürfeln bleiben zu viele Zwischenräume). Um zermahlenes Eis aus Eiswürfeln herzustellen, schlagen Sie die Würfel in ein Tuch ein und klopfen Sie sie mit einer Teigrolle oder einem anderen schweren und stabilen Haushaltsutensil in sehr kleine feste Stücke.

GARNIERUNG

Bei manchen Cocktails ist die Dekoration mit dem Getränk untrennbar verbunden. Denken Sie nur an die obligatorische Ananasscheibe oder das bunte Papierschirmchen bei einer Piña Colada. Garnierungen sind also oft ein wesentlicher Bestandteil des Cocktails, mindestens ebenso häufig aber auch „nur" etwas fürs Auge.

Auch bei der Garnierung eines Cocktails gibt es einige Grundregeln. Letztendlich aber bleibt die Art, wie Sie einen Cocktail dekorieren, Ihrer Fantasie und Ihrem Geschmack überlassen. Die wichtigste und einfachste Regel ist, die Garnierung den Hauptaromen des Drinks anzupassen. Für die Cocktails in diesem Band schlagen wir einige einfach herzustellende Garnierungen vor, aber wenn Sie Freude daran haben, lassen Sie Ihrer eigenen Kreativität freien Lauf.

Genießen Sie Ihre Cocktails – aber in Maßen! Erhöhter Alkoholkonsum kann zu ernsthaften gesundheitlichen Schäden führen.

Folgen Sie den Rezepten, perfektionieren Sie altbewährte Mischmethoden und experimentieren Sie mit neuen Zutaten. Mit dem richtigen Glas und der passenden Garnierung steht Ihrem perfekten Cocktailvergnügen nichts mehr im Wege.

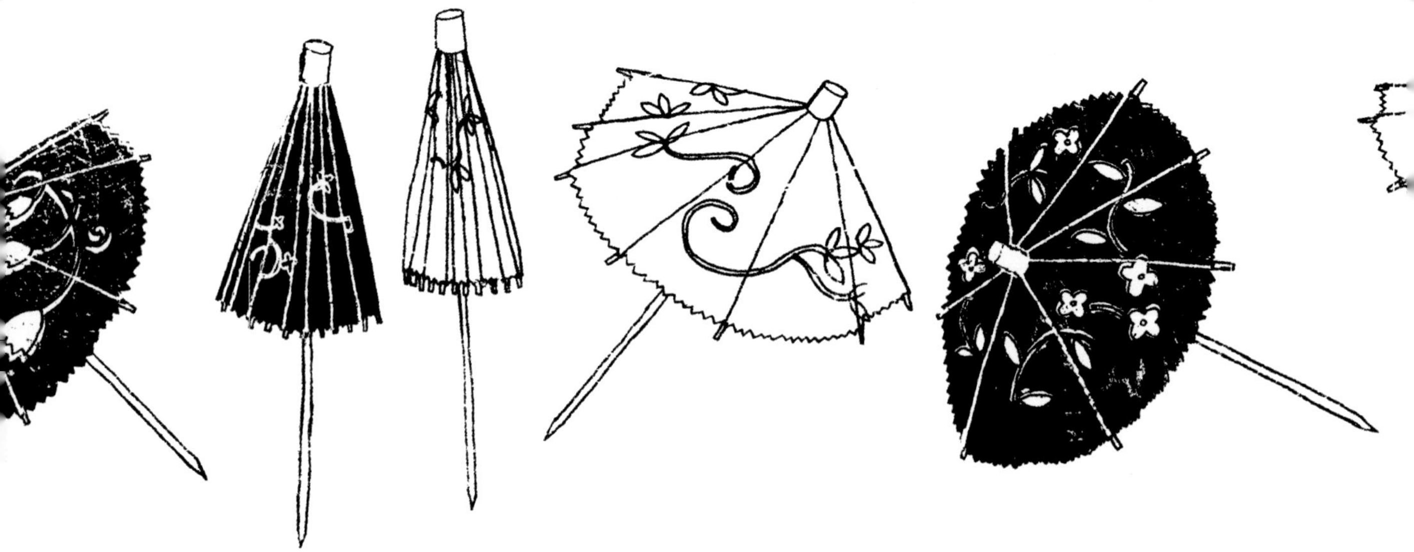

GIN & WODKA

MARTINI

Für 1 Drink

Zutaten

4–6 gestoßene Eiswürfel
6 cl Gin
1 TL Vermouth Dry (nach Geschmack)
grüne Olive, als Garnierung

1. Die gestoßenen Eiswürfel in einen Shaker geben.
2. Gin und Vermouth über die Eiswürfel gießen.
3. Kräftig schütteln, bis der Shaker deutlich beschlagen ist, dann in ein gekühltes Cocktailglas abseihen.
4. Mit 1 Olive garnieren und sofort servieren.

SINGAPORE SLING

Für 1 Drink

Zutaten

gestoßene Eiswürfel
4 cl Gin
2 cl Cherry Brandy
2 cl Zitronensaft
1 TL Grenadine
Sodawasser
Limettenschalenspiralen und Cocktailkirschen, als Garnierung

1. Gin über die gestoßenen Eiswürfel in einen Shaker gießen.
2. Cherry Brandy, Zitronensaft sowie Grenadine hinzugeben und kräftig schütteln.
3. Ein gekühltes Glas zur Hälfte mit gestoßenem Eis füllen und den Cocktail darüber abseihen.
4. Mit Sodawasser auffüllen und mit Limette und Cocktailkirschen garnieren.

TOM COLLINS

Für 1 Drink

Zutaten

4–6 gestoßene Eiswürfel
6 cl Gin
4 cl Zitronensaft
1 cl Zuckersirup
Sodawasser
Zitronenscheiben, als Garnierung

1. Die gestoßenen Eiswürfel in einen Shaker geben.
2. Mit Gin, Zitronensaft und Zuckersirup übergießen und kräftig schütteln, bis der Shaker beschlägt.
3. In ein gekühltes Longdrinkglas abseihen.
4. Mit Sodawassser auffüllen und mit Zitronenscheiben garnieren. Sofort servieren.

BELLE COLLINS

Für 1 Drink

Zutaten

2 frische Minzezweige, plus einige als Garnierung
4 cl Gin
2 cl Zitronensaft
1 TL Zuckersirup
4–6 gestoßene Eiswürfel
kohlensäurehaltiges Mineralwasser

1. Die Minzezweige zerdrücken.
2. Minze in ein gekühltes Longdrinkglas geben und Gin, Zitronensaft und Zuckersirup darübergießen.
3. Die gestoßenen Eiswürfel hinzufügen.
4. Mit Mineralwasser auffüllen, vorsichtig umrühren und mit der Minze garnieren. Sofort servieren.

GIN RICKEY

Für 2 Drinks

Zutaten

gestoßenes Eis
4 cl Gin
2 cl Zitronensaft
Sodawasser
Zitronenscheibe, als Garnierung

1. Gestoßenes Eis in ein Londrinkglas oder einen Tumbler geben.

2. Mit Gin und Zitronensaft übergießen.

3. Das Glas mit Sodawasser auffüllen.

4. Vorsichtig umrühren und mit einer Zitronenscheibe dekorieren. Sofort servieren.

3

2

4

A SLOE KISS

Für 1 Drink

Zutaten

4–6 gestoßene Eiswürfel
1 cl Sloe Gin
1 cl Southern Comfort
2 cl Wodka
1 TL Amaretto
1 Spritzer Galliano
Orangensaft
Orangenschalenspirale, als Garnierung

1. Die gestoßenen Eiswürfel im Shaker mit Sloe Gin, Southern Comfort, Wodka und Amaretto übergießen und schütteln, bis der Shaker beschlägt.

2. In ein mit gestoßenem Eis gefülltes Longdrinkglas abseihen.

3. Einen Spritzer Galliano hinzugeben.

4. Mit Orangensaft auffüllen und mit der Orangenschale garnieren. Sofort servieren.

2

1

4

SLOW COMFORTABLE SCREW

Für 1 Drink

Zutaten

4 cl Sloe Gin
Orangensaft
gestoßenes Eis
Orangenscheibe, als Garnierung

1. Sloe Gin und Orangensaft mit dem Eis schütteln, bis der Shaker beschlägt, und in ein gekühltes Glas abseihen.

2. Mit 1 Orangenscheibe dekorieren und direkt servieren.

FIREFLY

Für 1 Drink

Zutaten

2 cl Gin
1 cl Tequila
1 cl trockener Orange Curaçao
1 cl Zitronensaft
1 Spritzer Eiweiß
Eis
Orangenschale, als Garnierung

1. Alle Zutaten zusammen mit dem Eis gut schütteln, bis der Shaker beschlägt.

2. In ein gekühltes Martiniglas abseihen und mit 1 Streifen Orangenschale garnieren. Sofort servieren.

GIN SLING

Für 1 Drink

Zutaten

1 Zuckerwürfel
2 cl Gin
frisch geriebene Muskatnuss
Zitronenscheibe

1. Den Zucker mit 125 ml heißem Wasser in einem Tumbler auflösen.

2. Gin einrühren, mit Muskatnuss bestreuen, und mit 1 Scheibe Zitrone servieren.

MAIDEN'S PRAYER

Für 1 Drink

Zutaten

2 cl Gin
2 cl Triple Sec
1 TL Orangensaft
1 TL Zitronensaft
Eis
Zitronenschalenspirale, als Garnierung

1. Die Zutaten kräftig mit dem Eis schütteln, bis der Shaker beschlägt.

2. In ein gekühltes Martiniglas abseihen und mit der Zitronenschale dekorieren. Sofort servieren.

DAISY

Für 1 Drink

Zutaten

4–6 gestoßene Eiswürfel
6 cl Gin
2 cl Zitronensaft
1 EL Grenadine
1 TL Zuckersirup
Sodawasser
Orangenspalte, als Garnierung

1. Die gestoßenen Eiswürfel in den Shaker geben.

2. Mit Gin, Zitronensaft, Grenadine und Zuckersirup übergießen und kräftig schütteln, bis der Shaker kalt beschlägt.

3. Den Cocktail in ein gekühltes Longdrinkglas abseihen.

4. Mit Sodawasser auffüllen, umrühren und mit der Orangenspalte garnieren. Sofort servieren.

3

2

4

BLOODHOUND

Für 1 Drink

Zutaten

4 cl Gin
2 cl süßer Vermouth
2 cl Vermouth Dry
3 Erdbeeren, plus 1 als Garnierung
4–6 gestoßene Eiswürfel

1. Gin, süßen Vermouth, Vermouth Dry und Erdbeeren in einen Mixer füllen.

2. Das gestoßene Eis hinzugeben.

3. Mixen, bis der Cocktail eine glatte Konsistenz hat.

4. In ein gekühltes Martiniglas abseihen und mit der verbliebenen Erdbeere garnieren. Sofort servieren.

2

1

4

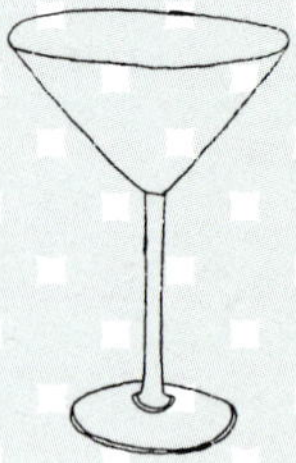

ALASKA

Für 1 Drink

Zutaten

2 cl Gin

1 cl gelber Chartreuse

Eiswürfel

1. Gin und Chartreuse zusammen mit dem Eis schütteln, bis der Shaker beschlägt.

2. In ein gekühltes Glas abseihen und sofort servieren.

HAWAIIAN ORANGE BLOSSOM

Für 1 Drink

Zutaten

4 cl Gin

2 cl Triple Sec

4 cl Orangensaft

2 cl Ananassaft

Eis

Ananasscheiben und -blätter, als Garnierung

1. Die flüssigen Zutaten kräftig zusammen mit dem Eis schütteln, bis der Shaker beschlägt.

2. In ein gekühltes Weinglas abseihen, mit den Ananasscheiben und -blättern dekorieren und direkt servieren.

WEDDING BELLE

Für 1 Drink

Zutaten

4 cl Gin
4 cl Dubonnet
2 cl Cherry Brandy
2 cl Orangensaft
Eiswürfel
Orangenschale, als Garnierung

1. Die Zutaten zusammen mit dem Eis schütteln, bis der Shaker beschlägt.

2. In ein gekühltes Glas abseihen und sofort mit 1 Orangenschale dekoriert servieren.

BRIDE'S MOTHER

Für 1 Drink

Zutaten

3 cl Sloe Gin
2 cl Gin
5 cl Grapefruitsaft
1 cl Zuckersirup
Eiswürfel und Crushed Ice
Grapefruitspalten, als Garnierung

1. Die flüssigen Bestandteile kräftig schütteln, bis der Shaker kalt beschlägt.

2. Über Crushed Ice abseihen und mit Grapefruitspalten garnieren. Sofort servieren.

MOONLIGHT

Für 4 Drinks

Zutaten

6 cl Grapefruitsaft
8 cl Gin
2 cl Kirschwasser
8 cl Weißwein
½ TL Zitronenschalenabrieb
Eiswürfel

1. Alle Zutaten zusammen mit dem Eis schütteln, bis der Shaker beschlägt. In ein gekühltes Glas abseihen und direkt servieren.

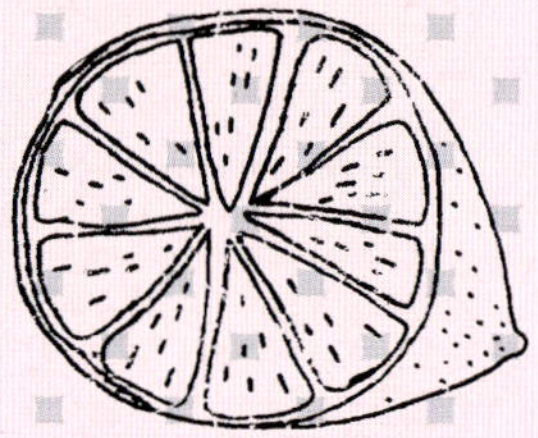

Top-Tipp

Dieser leichte Cocktail kann ideal für mehrere Personen gleichzeitig zubereitet werden.

SEVENTH HEAVEN

Für 1 Drink

Zutaten

4 cl Gin

1 cl Maraschino

1 cl Grapefruitsaft

Eiswürfel

frische Minzezweige, als Garnierung

1. Alle flüssigen Zutaten kräftig zusammen mit dem Eis schütteln, bis der Shaker kühl beschlägt.

2. In ein gekühltes Cocktailglas abseihen. Mit frischer Minze garnieren und sofort servieren.

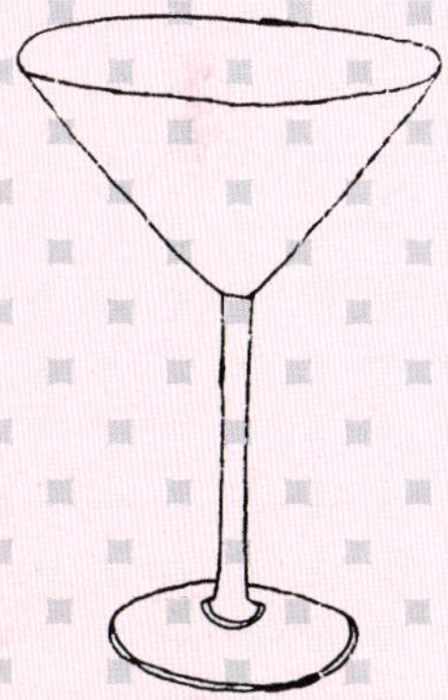

TEARDROP

Für 1 Drink

Zutaten

2 cl Gin

4 cl Aprikosen- oder Pfirsichnektar

2 cl Sahne

Crushed Ice

1 cl Erdbeersirup

frische Erdbeeren und Pfirsichscheiben, als Garnierung

1. Gin, Aprikosennektar und Sahne in einen Mixer geben und 5–10 Sekunden lang mixen, bis der Cocktail dickflüssig und schaumig aufgeschlagen ist.

2. In ein mit Crushed Ice gefülltes Longdrinkglas gießen.

3. Den Erdbeersirup darüberträufeln und mit Erdbeere sowie Pfirsichscheiben dekorieren. Sofort servieren.

BLEU BLEU BLEU

Für 1 Drink

Zutaten

Crushed Ice

2 cl Gin

2 cl Wodka

2 cl Tequila

2 cl frisch gepresster Zitronensaft

2 Spritzer Eiweiß

2 cl Blue Curaçao

Sodawasser

Zitronenscheibe, als Garnierung

1. 4–6 gestoßene Eiswürfel in den Shaker geben.

2. Gin, Wodka, Tequila, Zitronensaft, Eiweiß und Curaçao hinzufügen und gut schütteln.

3. Cocktail in ein hohes, mit Crushed Ice gefülltes Glas abseihen und mit Sodawasser auffüllen. Mit 1 Zitronenscheibe garnieren und schnell servieren.

PINK PUSSYCAT

Für 1 Drink

Zutaten

gestoßenes Eis
1 Spritzer Grenadine
4 cl Gin
Ananassaft
Ananasscheibe, als Garnierung

1. Einen gekühlten Tumbler zur Hälfte mit gestoßenem Eis füllen.

2. Über das Eis 1 Spritzer Grenadine geben und den Gin hinzufügen.

3. Mit Ananassaft auffüllen und mit der Ananasscheibe garnieren. Sofort servieren.

BLUE BLOODED

Für 1 Drink

Zutaten

2 cl Gin
2 cl Maracujasaft oder -nektar
4 Melonen- oder Mangowürfel
gestoßenes Eis
1–2 TL Blue Curaçao

1. Gin, Maracujasaft, Melonenwürfel und die gestoßenen Eiswürfel im Mixer aufschlagen, bis die Konsistenz glatt ist.

2. Cocktail in ein hohes, mit Crushed Ice gefülltes Glas abseihen und Blue Curaçao hinzugeben. Sofort servieren.

GRAND ROYAL CLOVER CLUB

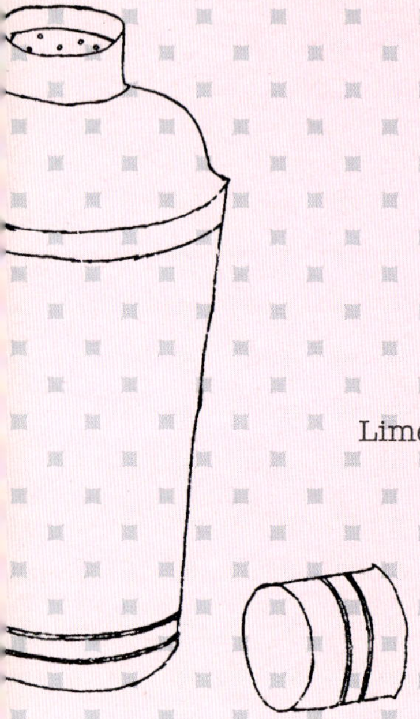

Für 1 Drink

Zutaten

4 cl Gin
2 cl Zitronensaft
2 cl Grenadine
1 Eiweiß
Eis
Limettenschalenspirale, als Garnierung

1. Die ersten vier Zutaten über das Eis gießen.

2. Kräftig schütteln, bis der Shaker beschlägt. In ein gekühltes Cocktailglas abseihen.

3. Mit der Limettenschale dekorieren und direkt servieren.

Top-Tipp

Verarbeiten Sie die Limette über dem Glas, damit die ätherischen Öle dem Cocktail den gewissen Pfiff verleihen.

THE BLUE TRAIN

Für 1 Drink

Zutaten

4 cl Gin
2 cl Triple Sec
2 cl Zitronensaft
1 Spritzer Blue Curaçao
gestoßenes Eis

1. Alle Zutaten in einen mit Eis gefüllten Shaker geben.

2. Kräftig schütteln, bis der Shaker beschlägt, und in ein gekühltes Martiniglas abseihen. Sofort servieren.

SAKETINI

Für 1 Drink

Zutaten

6 cl Gin
1 cl Sake
Eis
Zitronenschalenspirale, als Garnierung

1. Gin und Sake im Shaker mit Eis kräftig schütteln, bis dieser beschlägt.

2. In ein gekühltes Martiniglas abseihen und mit der Zitronenschale garnieren. Sofort servieren.

GREEN LADY

Für 1 Drink

Zutaten

4 cl Gin
2 cl Chartreuse Verte
1 Spritzer Zitronensaft
Eis

1. Die Zutaten zusammen mit dem Eis kräftig im Shaker schütteln, bis dieser beschlägt.

2. In ein gekühltes Martiniglas abseihen und zügig servieren.

BACHELOR'S BAIT

Für 1 Drink

Zutaten

4 cl Gin
1 TL Grenadine
1 Eiweiß
Eis
1 Spritzer Orangenbitter

1. Gin, Grenadine und Eiweiß zusammen mit dem Eis schütteln, bis der Shaker beschlägt.

2. Einen Spritzer Orangenbitter hinzugeben, die Mischung nochmals kurz schütteln und in ein gekühltes Martiniglas abseihen. Schnell servieren.

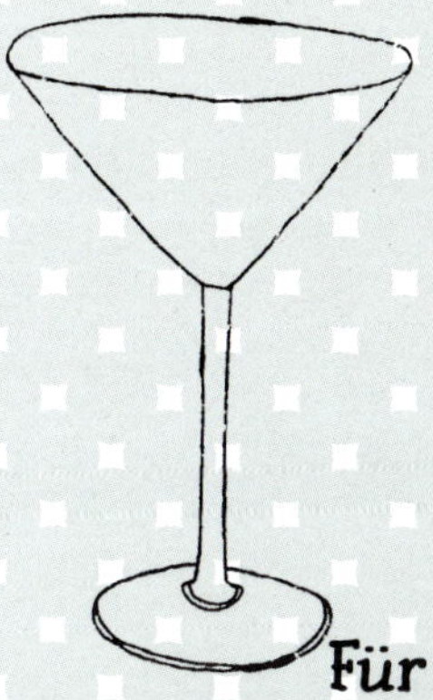

CREOLE LADY

Für 1 Drink

Zutaten

4 cl Gin
3 cl Madeira
1 TL Grenadine
gestoßenes Eis
Cocktailkirschen, als Garnierung

1. Die flüssigen Zutaten über Eis in ein Rührglas gießen.

2. Gut umrühren, dann in ein gekühltes Martiniglas abseihen.

3. Mit Cocktailkirschen garnieren und direkt servieren.

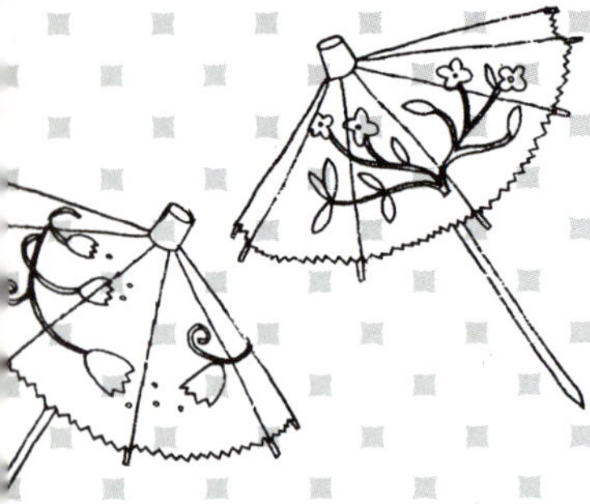

COSMOPOLITAN

Für 1 Drink

Zutaten

4–6 gestoßene Eiswürfel
4 cl Wodka
2 cl Triple Sec
2 cl Zitronensaft
2 cl Cranberrysaft
Orangenschalenspirale, als Garnierung

1. Gestoßene Eiswürfel in den Shaker geben.

2. Flüssige Zutaten über die Eiswürfel gießen.

3. Kräftig schütteln, bis der Shaker beschlägt.

4. In ein gekühltes Martiniglas abseihen und mit der Orangenschale dekorieren. Sofort servieren.

2

1

4

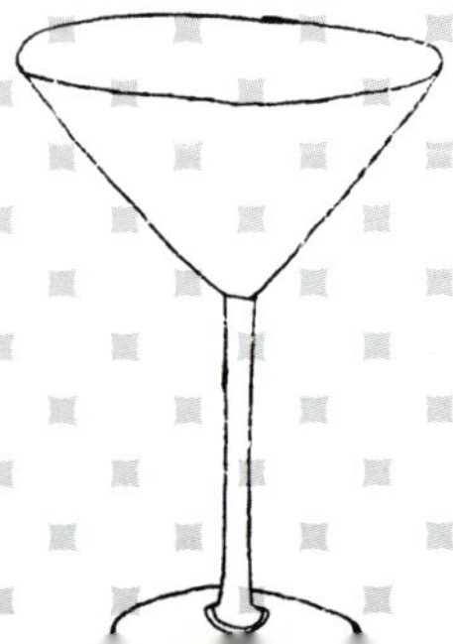

WOO-WOO

Für 1 Drink

Zutaten

Crushed Ice
8 cl Cranberrysaft
4 cl Wodka
4 cl Pfirsichbrand

1. Ein gekühltes Martiniglas zur Hälfte mit Crushed Ice füllen.

2. Cranberrysaft darübergießen.

3. Wodka und Pfirsichbrand hinzufügen.

4. Gut umrühren und sofort servieren.

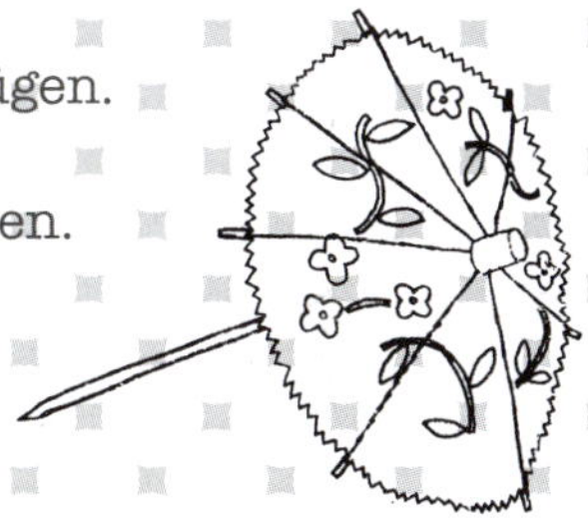

4

2

4

SEX ON THE BEACH

Für 1 Drink

Zutaten

Crushed Ice
2 cl Pfirsichbrand
2 cl Wodka
4 cl frisch gepresster Orangensaft
6 cl Cranberry-Pfirsich-Nektar
1 Spritzer Zitronensaft
Orangenschalenspirale, als Garnierung

1. In den Shaker 4–6 gestoßene Eiswürfel geben und darüber Pfirsichbrand, Wodka, Orangensaft und Cranberry-Pfirsich-Nektar gießen.

2. Schütteln, bis der Shaker beschlägt, und in ein mit Eis gefülltes Glas abseihen.

3. Einen Spritzer Zitronensaft hinzugeben und mit der Orangenschale garnieren. Sofort servieren.

SALTY DOG

Für 1 Drink

Zutaten

1 EL Zucker
1 EL grobes Salz
1 Limettenspalte
gestoßene Eiswürfel
4 cl Wodka
Grapefruitsaft

1. Zucker und Salz auf einer Untertasse mischen. Den Rand des gekühlten Martiniglases mit der Limettenspalte einreiben und in die Zucker-Salz-Mischung tauchen.

2. Das Glas mit gestoßenem Eis füllen und mit Wodka übergießen.

3. Mit Grapefruitsaft auffüllen und rühren. Zügig servieren.

FUZZY NAVEL

Für 1 Drink

Zutaten

4–6 gestoßene Eiswürfel
4 cl Wodka
2 cl Pfirsichbrand
225 ml Orangensaft

1. Gestoßene Eiswürfel in den Shaker geben.
2. Die Zutaten über das Eis geben und kräftig schütteln, bis der Shaker beschlägt.
3. In ein gekühltes Martiniglas abseihen. Sofort servieren.

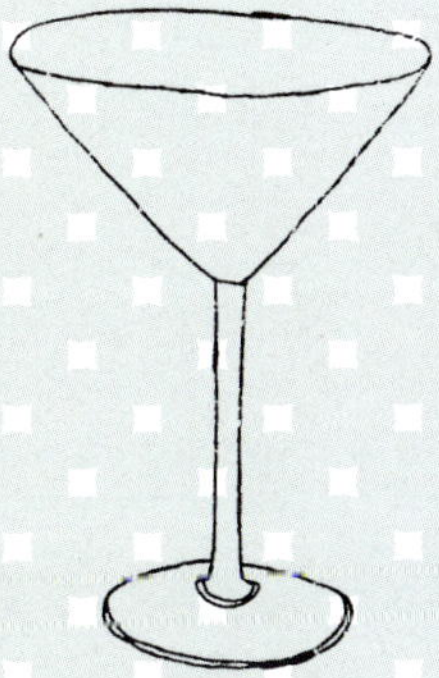

KAMIKAZE

Für 1 Drink

Zutaten

4–6 gestoßene Eiswürfel
2 cl Wodka
2 cl Triple Sec
1 cl frisch gepresster Limettensaft
1 cl frisch gepresster Zitronensaft
trockener Weißwein, gekühlt
Gurken- und Limettenscheiben, als Garnierung

1. Gestoßenes Eis in den Shaker geben.
2. Mit Wodka, Triple Sec, Limettensaft und Zitronensaft übergießen und schütteln, bis der Shaker beschlägt.
3. In ein gekühltes Glas abseihen.
4. Mit Wein auffüllen und mit Gurken- und Limettenscheiben garnieren. Schnell servieren.

HARVEY WALLBANGER

Für 1 Drink

Zutaten

gestoßenes Eis
6 cl Wodka
16 cl Orangensaft
2 TL Galliano
Cocktailkirsche und Orangenscheibe, als Garnierung

1. Longdrinkglas zur Hälfte mit gestoßenem Eis füllen.

2. Mit Wodka und Orangensaft übergießen.

3. Galliano auf die Oberfläche löffeln.

4. Mit Kirsche und Orangenscheibe dekorieren. Sofort servieren.

2

3

4

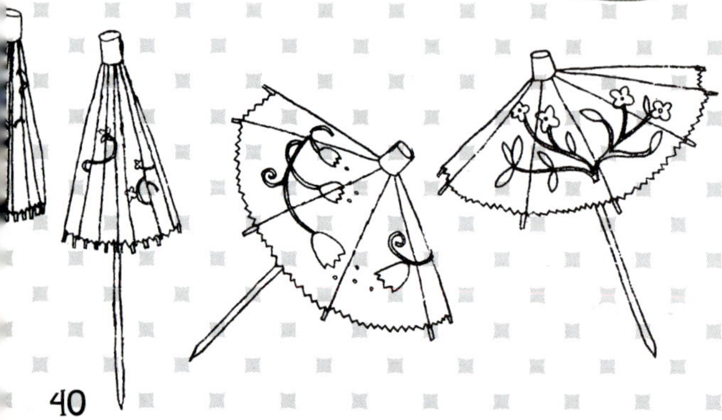

PEARTINI

Für 1 Drink

Zutaten

1 TL extrafeiner Zucker
1 Prise gemahlener Zimt
1 Zitronenspalte
4–6 gestoßene Eiswürfel
2 cl Wodka
2 cl Birnenbrand

1. Zucker und Zimt auf einer Untertasse mischen.

2. Den Rand des Martiniglases mit der Zitronenspalte einreiben.

3. Das Glas in die Zucker-Zimt-Mischung tauchen.

4. Gestoßene Eiswürfel in den Shaker geben und mit Wodka und Birnenbrand übergießen. Gut umrühren und ins Glas abseihen. Sofort servieren.

1

3

4

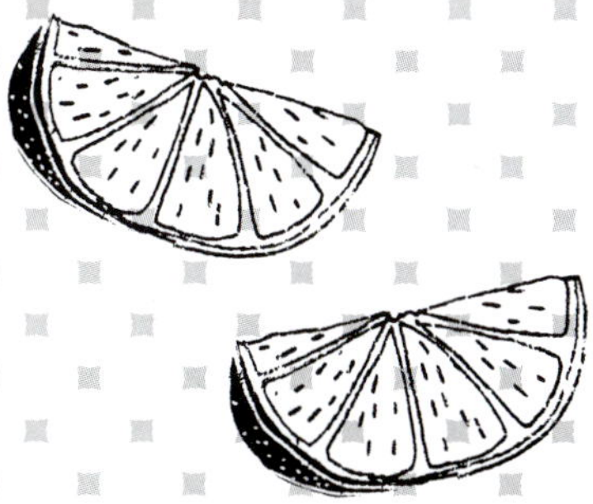

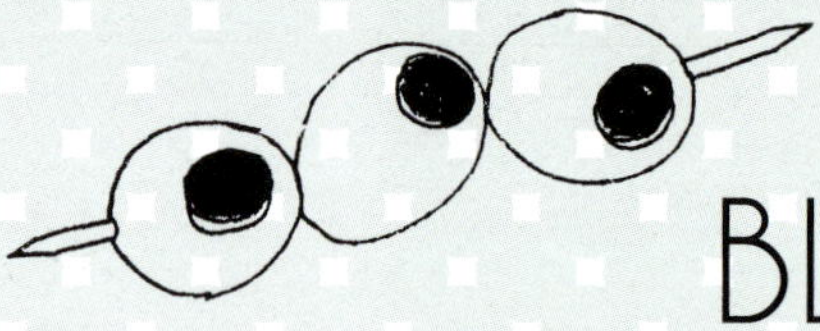

BLACK BEAUTY

Für 1 Drink

Zutaten

4 cl Wodka
2 cl schwarzer Sambuca
Eis
schwarze Olive, als Garnierung

1. Wodka und Sambuca mit Eis in einem Rührglas mischen, bis das Glas beschlägt.

2. In ein gekühltes Martiniglas abseihen und mit der Olive garnieren. Sofort servieren.

SPOTTED BIKINI

Für 1 Drink

Zutaten

4 cl Wodka
2 cl weißer Rum
2 cl kalte Milch
Saft von ½ Zitrone
Eis
1 reife Maracuja
Zitronenscheibe, als Garnierung

1. Die flüssigen Zutaten zusammen mit dem Eis im Shaker schütteln, bis dieser beschlägt, und in ein gekühltes Martiniglas abseihen.

2. Das Fleisch der reifen Maracuja mit Kernen auslösen und ins Glas geben.

3. Mit der Zitronenscheibe garnieren und sofort servieren.

CORDLESS SCREWDRIVER

Für 1 Drink

Zutaten

Orangenspalten
extrafeiner Zucker
4 cl Wodka, eisgekühlt

1. Den Rand eines eisgekühlten Shotglases mit einer Orangenspalte einreiben und in den Zucker auf einer Untertasse tauchen.

2. Wodka ins Glas gießen.

3. Eine Orangenspalte in den Zucker tauchen.

4. Den Wodka in einem Zug trinken und in die Orange beißen.

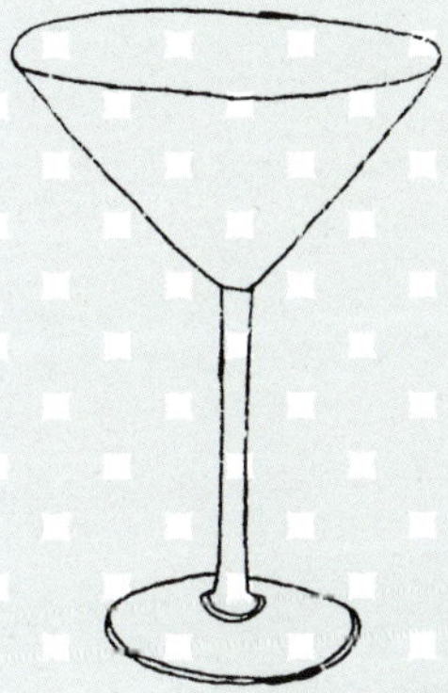

BLUE MONDAY

Für 1 Drink

Zutaten

gestoßenes Eis
2 cl Wodka
1 cl Cointreau
1 EL Blue Curaçao

1. Gestoßenes Eis in ein Rührglas geben und mit Wodka, Cointreau und Curaçao übergießen.

2. Gut umrühren und in ein Martiniglas abseihen. Sofort servieren.

BLOODY MARY

Für 1 Drink

Zutaten

4–6 gestoßene Eiswürfel
1 Spritzer Tabasco
1 Spritzer Worcestersauce
4 cl Wodka
12 cl Tomatensaft
Saft von ½ Zitrone
1 Prise Selleriesalz
1 Prise Cayennepfeffer
Stangensellerie und Zitronenscheibe, als Garnierung

1. Das gestoßene Eis in einen Shaker füllen. Je 1 Spritzer Tabasco und Worcestersauce über das Eis geben.

2. Wodka, Tomatensaft und Zitronensaft hinzugeben und schütteln, bis der Shaker beschlägt.

3. In ein hohes, gekühltes Glas abseihen, Selleriesalz und Cayennepfeffer hinzufügen und mit Stangensellerie und Zitronenscheibe garnieren. Sofort servieren.

Top-Tipp

Von diesem Cocktailklassiker gibt es zahllose, mehr oder weniger scharfe Varianten. Versuchen Sie das Rezept mal mit Meerrettich statt mit Tabasco.

LONG ISLAND ICED TEA

Für 1 Drink

Zutaten

gestoßenes Eis
4 cl Wodka
2 cl Gin
2 cl weißer Tequila
2 cl weißer Rum
1 cl weißer Crème de Menthe
4 cl Zitronensaft
1 TL extrafeiner Zucker
Cola
Limettenspalte, als Garnierung

1. In den Shaker 4–6 gestoßene Eiswürfel geben. Bis auf die Cola alle flüssigen Zutaten über das Eis gießen und kräftig schütteln, bis der Shaker beschlägt.

2. Longdrinkglas zur Hälfte mit gestoßenem Eis füllen und den Cocktail abseihen.

3. Mit Cola auffüllen, mit Limettenspalte garnieren und sofort servieren.

FLYING GRASSHOPPER

Für 1 Drink

Zutaten

4–6 gestoßene Eiswürfel
2 cl Wodka
2 cl grüne Crème de Menthe
2 cl Crème de Cacao
frische Minze, als Garnierung

1. Gestoßenes Eis in ein Rührglas geben.

2. Mit Wodka, Crème de Menthe und Crème de Cacao übergießen und gut umrühren.

3. In ein gekühltes Martiniglas abseihen und mit 1 Minzezweig dekorieren. Sofort servieren.

AURORA BOREALIS

Für 1 Drink

Zutaten

2 cl Grappa oder Wodka, eisgekühlt
2 cl Chartreuse Verte, eisgekühlt
1 cl Orange Curaçao, eisgekühlt
einige Tropfen Crème de Cassis, eisgekühlt

1. Grappa langsam über den Rücken eines Barlöffels an einer Seite des gekühlten Shotglases gießen.

2. Ebenso den Chartreuse an der gegenüberliegenden Glasseite vorsichtig eingießen.

3. Curaçao langsam in die Mitte geben.

4. Einige Tropfen Crème de Cassis hinzufügen und sofort servieren.

LAST MANGO IN PARIS

Für 1 Drink

Zutaten

4 cl Wodka
2 cl Himbeerlikör
2 cl Limettensaft
½ Mango, geschält, entsteint und gewürfelt
2 Erdbeeren, halbiert
Limettenscheibe, als Garnierung

1. Die Zutaten in einem Mixer zu einer glatten Konsistenz verarbeiten.

2. In ein eisgekühltes Glas abseihen und mit der Limettenscheibe garnieren. Sofort servieren.

THUNDERBIRD

Für 1 Drink

Zutaten

4 cl Wodka, eisgekühlt
1 Spritzer Parfait Amour
1 Spritzer Cassis
1 kleines Stück Orangenschale
1 Rosen- oder Veilchenblütenblatt

1. Wodka in ein geeistes Martiniglas geben.

2. Die anderen Zutaten langsam hinzugeben und nur einmal umrühren. Sofort servieren.

MIMI

Für 1 Drink

Zutaten

4 cl Wodka
1 cl Kokoscreme
4 cl Ananassaft
4–6 gestoßene Eiswürfel
frisches Ananasstück, als Garnierung

1. Wodka, Kokoscreme, Ananassaft und Crushed Ice in einen Mixer geben.

2. Einige Sekunden schaumig aufschlagen.

3. In ein gekühltes Martiniglas abseihen.

4. Mit 1 Ananasstück dekorieren und sofort servieren.

3

2

4

SUNNY BAY

Für 1 Drink

Zutaten

3 cl Wodka
1 cl Melonenlikör
4 cl Ananassaft
gestoßenes Eis
Maraschinokirsche, als Garnierung

1. Flüssige Zutaten mit Eis in den Shaker geben.

2. Gut schütteln.

3. In ein gekühltes Martiniglas abseihen und mit der Maraschinokirsche garnieren. Sofort servieren.

1

3

3

SEABREEZE

Für 1 Drink

Zutaten

4–6 gestoßene Eiswürfel
3 cl Wodka
1 cl Cranberrysaft
Pink-Grapefruit-Saft

1. Gestoßene Eiswürfel in einen Shaker geben.

2. Mit Wodka und Cranberrysaft übergießen und schütteln, bis der Shaker beschlägt.

3. In einen eisgekühlten Tumbler abseihen und mit Pink-Grapefruit-Saft auffüllen. Sofort servieren.

CRANBERRY COLLINS

Für 1 Drink

Zutaten

gestoßene Eiswürfel
4 cl Wodka
1,5 cl Holunderblütensirup
6 cl Cranberrysaft
Sodawasser
Limettenscheibe und Limettenschalenspirale, als Garnierung

1. In den Shaker 4–6 gestoßene Eiswürfel geben.

2. Mit Wodka, Holunderblütensirup und Cranberrysaft übergießen und schütteln, bis der Shaker beschlägt.

3. In ein mit gestoßenem Eis.gefülltes Longdrinkglas abseihen.

4. Mit Sodawasser auffüllen. Mit Limette dekoriert servieren.

MOSCOW MULE

Für 1 Drink

Zutaten

gestoßenes Eis
4 cl Wodka
2 cl Zitronensaft
Ginger Beer
Limettenspalte, als Garnierung

1. In den Shaker 4–6 gestoßene Eiswürfel geben.

2. Eiswürfel mit Wodka und Zitronensaft übergießen und schütteln, bis der Shaker beschlägt.

3. In ein eisgekühltes Glas abseihen, das zur Hälfte mit gestoßenem Eis gefüllt ist.

4. Mit Ginger Beer auffüllen und mit der Limettenspalte garnieren. Sofort servieren.

SCREWDRIVER

Für 1 Drink

Zutaten

gestoßenes Eis
4 cl Wodka
Orangensaft
Orangenscheibe, als Garnierung

1. Ein hohes, eisgekühltes Glas mit gestoßenem Eis füllen und mit Wodka übergießen.

2. Mit Orangensaft auffüllen und gut umrühren.

3. Mit der Orangenscheibe dekorieren und sofort servieren.

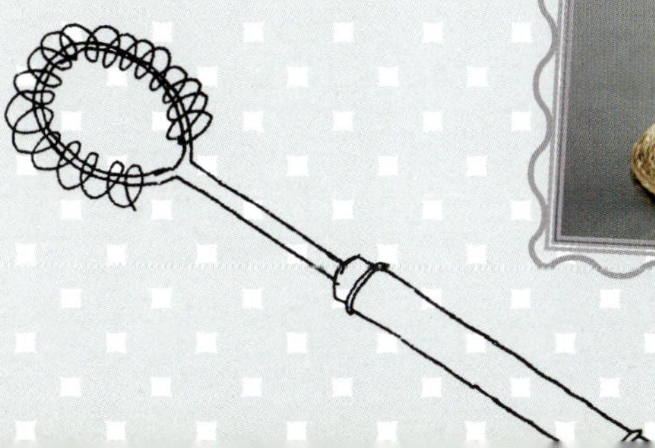

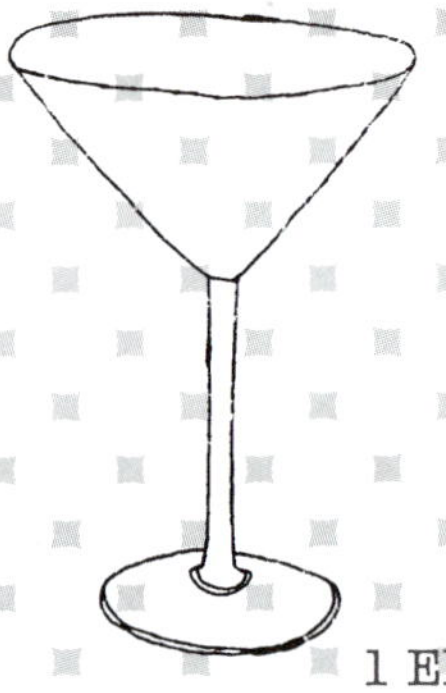

METROPOLITAN

Für 1 Drink

Zutaten

1 Zitronenspalte
1 EL extrafeiner Zucker
4–6 gestoßene Eiswürfel
1 cl Wodka
1 cl Himbeerlikör
1 cl Cranberrysaft
1 cl Orangensaft

1. Den Rand eines Martiniglases mit der Zitronenspalte einreiben.

2. In Zucker auf einer Untertasse tauchen.

3. Gestoßene Eiswürfel in einen Shaker geben und mit den flüssigen Zutaten übergießen.

4. Kräftig schütteln, bis der Shaker beschlägt. Ins Glas abseihen und sofort servieren.

1

2

4

WODKA ESPRESSO

Für 1 Drink

Zutaten

4–6 gestoßene Eiswürfel

4 cl Espresso oder anderer starker schwarzer Kaffee, gekühlt

2 cl Wodka

2 TL extrafeiner Zucker

2 cl Amarula

1. Gestoßenes Eis in den Shaker geben.

2. Mit Kaffee und Wodka übergießen, Zucker hinzugeben und schütteln, bis der Shaker beschlägt.

3. In ein gekühltes Cocktailglas abseihen.

4. Amarula vorsichtig darüberschichten. Sofort servieren.

2

3

4

RUM, WHISKY & BRANDY

DAIQUIRI

Für 1 Drink

Zutaten

4–6 gestoßene Eiswürfel
4 cl weißer Rum
½ TL extrafeiner Zucker, in 1 EL kochendem Wasser aufgelöst
½ cl Zitronensaft
Limettenspalte, als Garnierung

1. Gestoßene Eiswürfel in einen Shaker geben.

2. Eis mit Rum, Zuckerwasser und Zitronensaft übergießen. Kräftig schütteln, bis der Shaker beschlägt.

3. In ein gekühltes Martiniglas abseihen und mit der Limette garnieren. Sofort servieren.

MAI TAI

Für 1 Drink

Zutaten

4–6 gestoßene Eiswürfel
4 cl weißer Rum
4 cl brauner Rum
2 cl Orange Curaçao
2 cl Zitronensaft
1 EL Mandelsirup
1 EL Grenadine
Ananasscheibe, Ananasblätter, Cocktailkirsche, Orangenschalenspirale, als Garnierung

1. Gestoßene Eiswürfel in einen Shaker geben. Mit weißem Rum, braunem Rum, Curaçao, Zitronensaft, Mandelsirup und Grenadine übergießen.

2. Kräftig schütteln, bis der Shaker beschlägt, und in ein gekühltes Glas abseihen.

3. Mit Ananasscheibe und -blättern, Cocktailkirsche und Orangenschale dekorieren. Zügig servieren.

HURRICANE

Für 1 Drink

Zutaten

4–6 gestoßene Eiswürfel
8 cl brauner Rum
2 cl Zitronensaft
4 cl Fruchtsaft (meist Orangen- oder Maracujasaft)
Sodawasser
Orangenscheiben und Cocktailkirschen, als Garnierung

1. Gestoßene Eiswürfel in einen Shaker geben.
2. Rum, Zitronensaft und Fruchtsaft hinzugeben und gut schütteln.
3. Cocktail in ein gekühltes Glas abseihen und mit Sodawasser auffüllen.
4. Mit Orangenscheiben und Kirschen garnieren und schnell servieren.

ZOMBIE

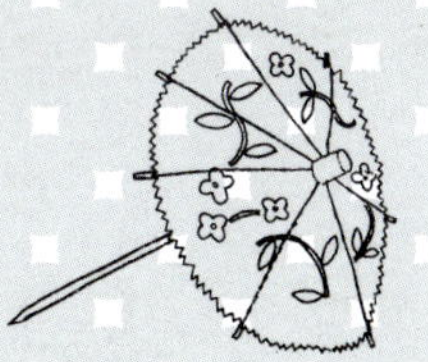

Für 1 Drink

Zutaten

Crushed Ice
4 cl brauner Rum
4 cl weißer Rum
2 cl goldener Rum
2 cl Triple Sec
2 cl Zitronensaft
2 cl Orangensaft
2 cl Ananassaft
2 cl Guavensaft
1 EL Grenadine
1 EL Mandelsirup
1 TL Pernod
frischer Minzezweig und Ananasscheibe, als Garnierung

1. Gestoßene Eiswürfel in einen Shaker geben.
2. Mit den flüssigen Zutaten übergießen und kräftig schütteln, bis der Shaker beschlägt.
3. Cocktail in ein gekühltes Cocktailglas abseihen und mit der Minze sowie der Ananas dekorieren. Sofort servieren.

PIÑA COLADA

Für 1 Drink

Zutaten

Crushed Ice aus 4–6 Eiswürfeln
4 cl weißer Rum
2 cl brauner Rum
6 cl Ananassaft
4 cl Kokoscreme
Cocktailkirsche und Ananasscheibe, als Garnierung

1. Crushed Ice in einen Mixer geben. Darüber weißen Rum, braunen Rum und Ananassaft gießen.

2. Kokoscreme in den Mixer geben und zu einer glatten Konsistenz verarbeiten.

3. In ein gekühltes Glas gießen – nicht abseihen.

4. Mit Cocktailkirsche und Ananasscheibe dekorieren.

5. Sofort servieren.

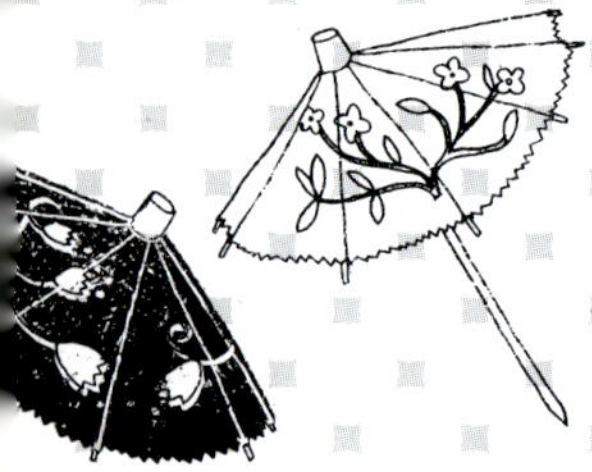

2

1

5

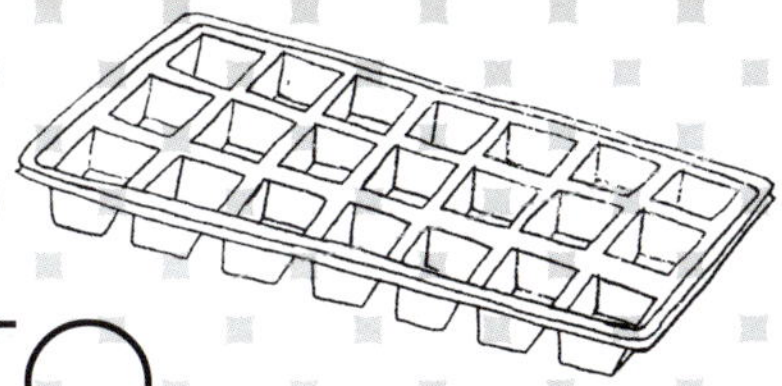

CLUB MOJITO

Für 1 Drink

Zutaten

1 TL Zuckersirup

6 frische Minzeblätter, plus einige mehr als Garnierung

Saft von ½ Limette

4–6 gestoßene Eiswürfel

4 cl Jamaican Rum

Sodawasser

1 Spritzer Angostura

1. Zuckersirup, Minzeblätter und Limettensaft in einen Tumbler geben.

2. Minzeblätter zerdrücken, dann Eis und Rum hinzufügen.

3. Mit Sodawasser auffüllen.

4. Einen Spritzer Angostura darübergeben und mit den verbliebenen Minzeblättern garnieren.

5. Sofort servieren.

3

2

5

BAJAN SUN

Für 1 Drink

Zutaten

Crushed Ice aus 4–6 Eiswürfeln
2 cl weißer Rum
2 cl Mandarinenlikör
2 cl frisch gepresster Orangensaft
2 cl Ananassaft
1 Spritzer Grenadine
frische Ananasscheibe und
1 Cocktailkirsche, als Garnierung

1. Crushed Ice in einen Shaker geben.
2. Mit Rum, Likör, Orangensaft und Ananassaft übergießen.
3. Grenadine hinzufügen und kräftig schütteln.
4. In ein hohes, gekühltes Glas abseihen und mit 1 Ananasscheibe und 1 Cocktailkirsche dekorieren. Sofort servieren.

PLANTATION PUNCH

Für 1 Drink

Zutaten

4–6 gestoßene Eiswürfel
4 cl brauner Rum
2 cl Southern Comfort
2 cl Zitronensaft
1 TL brauner Zucker
kohlensäurehaltiges Mineralwasser
1 TL roter Portwein

1. Gestoßene Eiswürfel in einen Shaker geben. Rum, Southern Comfort, Zitronensaft und braunen Zucker hinzufügen.
2. Kräftig schütteln, bis der Shaker beschlägt. Ein hohes, gekühltes Glas abseihen und mit Mineralwasser auffüllen.
3. Den Portwein vorsichtig über einen Löffelrücken darüberschichten. Sofort servieren.

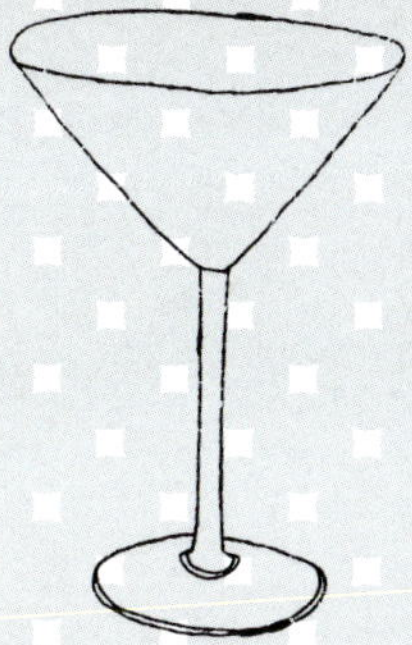

OCEAN BREEZE

Für 1 Drink

Zutaten

Crushed Ice aus 4–6 Eiswürfeln

2 cl weißer Rum

2 cl Amaretto

1 cl Blue Curaçao

1 cl Ananassaft

Sodawasser

1. Eis in einen Shaker geben.

2. Weißen Rum, Amaretto, Blue Curaçao und Ananassaft darübergeben und gut schütteln.

3. In ein hohes, gekühltes Glas abseihen und mit Sodawasser auffüllen. Sofort servieren.

BLUE HAWAIIAN

Für 1 Drink

Zutaten

Crushed Ice aus 4–6 Eiswürfeln

4 cl Bacardi Rum

1 cl Blue Curaçao

2 cl Ananassaft

1 cl Kokoscreme

Ananasscheibe, als Garnierung

1. Eis in einen Shaker geben.

2. Die flüssigen Zutaten hinzugeben. Kräftig schütteln, bis der Shaker beschlägt, und in ein gekühltes Weinglas abseihen.

3. Mit Ananasscheibe garnieren und sofort servieren.

BANANA COLADA

Für 1 Drink

Zutaten

Crushed Ice aus 4–6 Eiswürfeln
4 cl weißer Rum
8 cl Ananassaft
2 cl Malibu
1 Banane, geschält und in Scheiben geschnitten
Ananasscheibe

1. Eis, weißen Rum, Ananassaft, Malibu und Banane in einen Mixer geben.

2. Mixen, bis der Cocktail glatt ist, dann in ein Longdrinkglas gießen; nicht abseihen. Mit Ananasscheibe und Strohhalm sofort servieren.

Top-Tipp

Frieren Sie die Banane ein, um eine kühle Sommererfrischung zu erhalten.

STRAWBERRY COLADA

Für 1 Drink

Zutaten

Crushed Ice aus 4–6 Eiswürfeln
6 cl goldener Rum
8 cl Ananassaft
2 cl Kokoscreme
6 Erdbeeren
Ananasscheibe und halbierte Erdbeere, als Garnierung

1. Crushed Ice in einen Mixer geben. Rum, Ananassaft und Kokoscreme hinzugeben.

2. Erdbeeren entstielen, im Mixer mit den anderen Zutaten zu einem glatten Cocktail verarbeiten und dann in ein hohes, gekühltes Glas abseihen.

3. Mit Ananasscheibe und Erdbeere dekorieren und sofort servieren.

CUBA LIBRE

Für 1 Drink

Zutaten

gestoßenes Eis
4 cl weißer Rum
Cola
Limettenspalte, als Garnierung

1. Longdrinkglas zur Hälfte mit gestoßenem Eis füllen.

2. Mit Rum übergießen und mit Cola auffüllen.

3. Leicht umrühren und mit der Limettenspalte garnieren. Sofort servieren.

CUBAN SPECIAL

Für 1 Drink

Zutaten

4–6 gestoßene Eiswürfel
4 cl weißer Rum
2 cl Zitronensaft
1 EL Ananassaft
1 TL Triple Sec
Ananasscheiben, als Garnierung

1. Gestoßene Eiswürfel in einen Shaker geben.

2. Rum, Zitronensaft, Ananassaft und Triple Sec darübergießen. Kräftig schütteln, bis der Shaker beschlägt. In ein gekühltes Cocktailglas abseihen.

3. Mit Ananasscheiben dekorieren und sofort servieren.

RUM NOGGIN

Für 8 Drinks

Zutaten

6 Eier
4–5 TL Zucker
frisch gemahlene Muskatnuss
475 ml brauner Rum
1,2 l warme Milch

1. Eier in einer Bowlenschüssel mit dem Zucker und ein wenig Muskatnuss verquirlen.

2. Rum hineinquirlen und die Milch unterrühren.

3. Nach Belieben unter Schlagen leicht erhitzen, in kleine, hitzebeständige Gläser oder Kaffeebecher geben und mit etwas Muskat bestreuen. Sofort servieren.

RUM COBBLER

Für 1 Drink

Zutaten

1 TL Zucker
4 cl kohlensäurehaltiges Mineralwasser
gestoßenes Eis
4 cl weißer Rum
Limettenscheibe und Orangenscheibe, als Garnierung

1. Zucker in ein gekühltes Glas geben. Mineralwasser hinzufügen und rühren, bis sich der Zucker aufgelöst hat.

2. Das Glas mit Eis füllen und Rum hineingießen. Gut umrühren und mit Limetten- und Orangenscheibe dekorieren. Sofort servieren.

FROZEN PEACH DAIQUIRI

Für 1 Drink

Zutaten

Crushed Ice aus 4–6 Eiswürfeln
½ Aprikose, entsteint und geschnitten
4 cl weißer Rum
2 cl Zitronensaft
1 TL Zuckersirup
Aprikosenscheibe, als Garnierung

1. Crushed Ice und Aprikose in einen Mixer geben.
2. Rum, Zitronensaft und Zuckersirup hinzufügen und zu einem halbgefrorenen Drink verarbeiten.
3. In ein gekühltes Cocktailglas geben.
4. Mit der Aprikosenscheibe garnieren.
5. Sofort servieren.

2

1

5

RUM COOLER

Für 1 Drink

Zutaten

3 cl weißer Rum
gestoßenes Eis
3 cl Ananassaft
1 Banane, geschält und in Scheiben geschnitten
Saft von 1 Limette
Limettenschalenspirale, als Garnierung

1. Rum, 2–4 gestoßene Eiswürfel, Ananassaft und Banane in einen Mixer geben.

2. Limettensaft hinzufügen und mixen, bis der Cocktail glatt ist.

3. Glas mit gestoßenem Eis füllen und den Cocktail darübergießen.

4. Mit der Limettenschale dekorieren.

5. Sofort servieren.

2

1

5

WHISKEY SOUR

Für 1 Drink

Zutaten

4–6 gestoßene Eiswürfel
4 cl amerikanischer Whiskey-Blend
2 cl Zitronensaft
1 TL Zucker oder Zuckersirup
Limettenscheibe und Cocktailkirsche, als Garnierung

1. Gestoßene Eiswürfel in einen Shaker geben und Whiskey darübergießen.

2. Zitronensaft und Zucker hinzufügen und gut schütteln.

3. In ein Cocktailglas abseihen und mit Limettenscheibe und Cocktailkirsche garnieren. Sofort servieren.

WHISKEY RICKEY

Für 1 Drink

Zutaten

Crushed Ice aus 4–6 Eiswürfeln
4 cl amerikanischer Whiskey-Blend
2 cl Limettensaft
Sodawasser
Limettenscheibe, als Garnierung

1. Crushed Ice in ein gekühltes Longdrinkglas geben.

2. Mit Whiskey und Limettensaft übergießen und mit Sodawasser auffüllen.

3. Leicht umrühren, mit der Limettenscheibe garnieren und sofort servieren.

HIGHLAND FLING

Für 1 Drink

Zutaten

4–6 gestoßene Eiswürfel
1 Spritzer Angostura
4 cl schottischer Whisky
2 cl süßer Vermouth
grüne Olive, als Garnierung

1. Gestoßenes Eis in ein Rührglas geben.
2. Einen Spritzer Angostura hinzufügen. Mit Whisky und Vermouth übergießen und gut umrühren.
3. In ein gekühltes Glas abseihen und mit der Olive dekorieren. Sofort servieren.

WHISKEY SLING

Für 1 Drink

Zutaten

1 TL Puderzucker
2 cl Zitronensaft
1 TL Wasser
4 cl amerikanischer Whiskey-Blend
gestoßenes Eis
Orangenspalte, als Garnierung

1. Puderzucker in ein Rührglas geben.
2. Zitronensaft und Wasser hinzufügen und rühren, bis sich der Puderzucker auflöst.
3. Whiskey eingießen und umrühren.
4. Kleinen, gekühlten Tumbler zur Hälfte mit gestoßenem Eis füllen und den Cocktail darüber abseihen.
5. Mit Orangenspalte dekorieren und sofort servieren.

MIAMI BEACH

Für 1 Drink

Zutaten

4–6 gestoßene Eiswürfel
4 cl Scotch Whisky
3 cl Vermouth Dry
4 cl Pink-Grapefruit-Saft
Orangenschalenspirale, als Garnierung

1. Gestoßene Eiswürfel in einen Shaker geben.
2. Mit Whisky, Vermouth und Grapefruitsaft übergießen.
3. Kräftig schütteln, bis der Shaker beschlägt. In ein gekühltes Cocktailglas abseihen.
4. Mit Orangenschale dekorieren und sofort servieren.

BOSTON SOUR

Für 1 Drink

Zutaten

4–6 gestoßene Eiswürfel

2 cl Limetten- oder Zitronensaft

4 cl amerikanischer Whiskey-Blend

1 TL Zuckersirup

1 Eiweiß

Zitronenscheibe und Cocktailkirsche, als Garnierung

1. Gestoßenes Eis in einen Shaker geben.

2. Mit Zitronensaft, Whiskey und Zuckersirup übergießen.

3. Eiweiß hinzufügen.

4. Schütteln, bis der Shaker beschlägt. In ein Cocktailglas abseihen und mit der Zitronenscheibe und der Cocktailkirsche dekorieren. Sofort servieren.

KLONDIKE COOLER

Für 1 Drink

Zutaten

½ TL Zucker

2 cl Ginger Ale

gestoßenes Eis

4 cl amerikanischer Whiskey-Blend

kohlensäurehaltiges Mineralwasser

Zitronenschalenspirale, als Garnierung

1. Zucker und Ginger Ale in einen gekühlten Tumbler geben. Rühren, bis sich der Zucker auflöst.

2. Glas mit gestoßenem Eis füllen. Mit dem Whiskey übergießen.

3. Mit Mineralwasser auffüllen. Sachte umrühren und mit der Zitronenschale garnieren. Sofort servieren.

SHAMROCK

Für 1 Drink

Zutaten

4–6 gestoßene Eiswürfel

2 cl Irish Whiskey

2 cl Vermouth Dry

3 Spritzer Chartreuse Verte

3 Spritzer Crème de Menthe

1. Gestoßenes Eis in ein Rührglas geben.

2. Whiskey, Vermouth und Chartreuse darübergießen. Rühren, bis der Drink schön kalt ist.

3. In ein gekühltes Martiniglas abseihen, mit Crème de Menthe übergießen und umrühren. Sofort servieren.

MANHATTAN

Für 1 Drink

Zutaten

4–6 gestoßene Eiswürfel
1 Spritzer Angostura
6 cl Rye Whiskey
2 cl süßer Vermouth
Cocktailkirsche, als Garnierung

1. Gestoßene Eiswürfel in einen Shaker geben.
2. Die flüssigen Zutaten über die Eiswürfel gießen und kräftig schütteln, bis der Shaker beschlägt.
3. In ein gekühltes Cocktailglas abseihen und mit der Kirsche dekorieren. Sofort servieren.

OLD-FASHIONED

Für 1 Drink

Zutaten

1 Zuckerwürfel
1 Spritzer Angostura
1 TL Wasser
4 cl Bourbon oder Rye Whiskey
4–6 gestoßene Eiswürfel
Zitronenschalenspirale, als Garnierung

1. Den Zuckerwürfel in einen kleinen, gekühlten Tumbler geben.
2. Angostura und Wasser hinzufügen. Umrühren, bis sich der Zucker auflöst.
3. Den Bourbon zugießen und rühren.
4. Gestoßenes Eis hinzufügen und mit Zitronenschale dekorieren. Sofort servieren.

WHISKEY SANGAREE

Für 1 Drink

Zutaten

4–6 Eiswürfel
4 cl Bourbon
1 TL Zuckersirup
Sodawasser
1 EL roter Portwein
frisch gemahlene Muskatnuss, als Garnierung

1. Das Eis in einen gekühlten Tumbler geben.

2. Mit Bourbon und Zuckersirup übergießen und mit Sodawasser auffüllen.

3. Langsam verrühren und dann den Portwein langsam über einen Löffelrücken darüberschichten. Etwas Muskatnuss darüberstreuen und sofort servieren.

Top-Tipp

Anstelle von Bourbon können Sie auch einen Whiskey-Blend oder irgendeinen Whisky Ihrer Wahl für diesen Cocktailklassiker verwenden.

PINK HEATHER

Für 1 Drink

Zutaten

2 cl Scotch Whisky

2 cl Erdbeerlikör

Schaumwein

frische Erdbeeren, als Garnierung

1. Whisky und Erdbeerlikör in eine gekühlte Sektflöte geben.

2. Mit Schaumwein auffüllen und mit 1 Erdbeere dekorieren. Sofort servieren.

FLYING SCOTSMAN

Für 1 Drink

Zutaten

Crushed Ice
1 Spritzer Angostura
4 cl Scotch Whisky
2 cl süßer Vermouth
¼ TL Zuckersirup

1. Geben Sie etwas Crushed Ice in einen Mixer.
2. Über das Eis 1 Spritzer Angostura geben und Whisky, Vermouth und Zuckersirup hinzufügen.
3. Zu einem halbgefrorenen Drink verarbeiten und in einem gekühlten Tumbler sofort servieren.

BEADLESTONE

Für 1 Drink

Zutaten

gestoßenes Eis
4 cl Scotch Whisky
3 cl Vermouth Dry

1. Gestoßenes Eis in ein Rührglas geben und mit Whisky und Vermouth übergießen.
2. Gut umrühren und in ein gekühltes Cocktailglas abseihen. Sofort servieren.

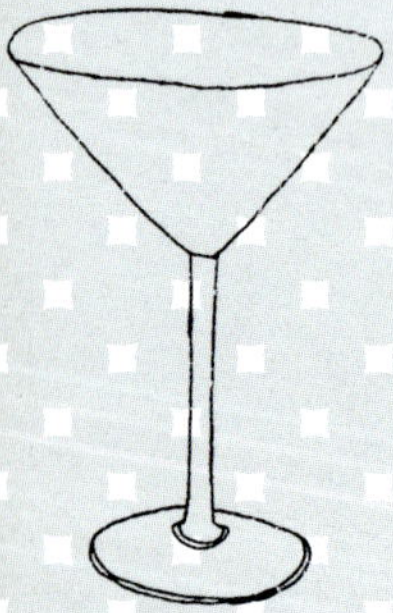

THISTLE

Für 1 Drink

Zutaten

gestoßenes Eis
1 Spritzer Angostura
4 cl Scotch Whisky
3 cl süßer Vermouth

1. Gestoßenes Eis in ein Rührglas geben.
2. Über das Eis 1 Spritzer Angostura geben und mit Whisky und Vermouth übergießen.
3. Gut umrühren und in ein gekühltes Cocktailglas gießen. Sofort servieren.

COLLEEN

Für 1 Drink

Zutaten

4 cl Irish Whiskey
2 cl Irish Mist
2 cl Triple Sec
1 TL Zitronensaft
Eis

1. Die Zutaten mit Eis kräftig schütteln, bis der Shaker beschlägt.
2. In ein gekühltes Cocktailglas abseihen. Sofort servieren.

THE REVIVER

Für 1 Drink

Zutaten

1 cl Brandy
1 cl Fernet Branca
1 cl Crème de Menthe
Eis

1. Die Zutaten mit Eis in einem Shaker kräftig schütteln.

2. In ein Cocktailglas abseihen und so schnell wie möglich austrinken.

Top-Tipp

Wie der Name schon vermuten lässt, dient dieser Cocktail auch zum Bekämpfen eines Katers.

MIDNIGHT COWBOY

Für 1 Drink

Zutaten

2 cl Brandy
1 cl Kaffeelikör
1 cl Sahne, gekühlt
Crushed Ice
Cola

1. Brandy, Kaffeelikör, Sahne und Eis in einem Mixer auf niedriger Stufe zu einem schaumigen Drink verarbeiten.

2. In ein gekühltes Longdrinkglas gießen. Mit Cola auffüllen und sofort servieren.

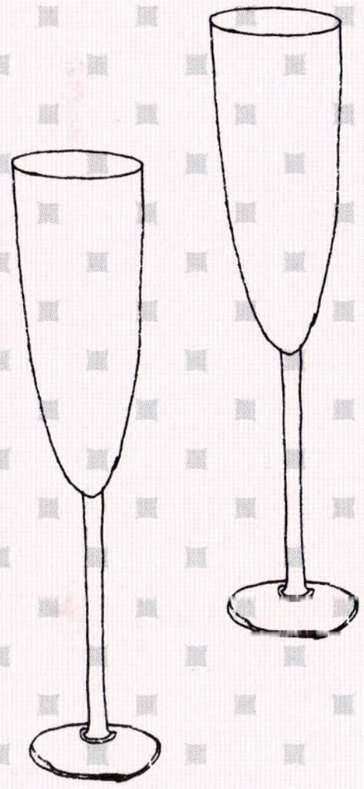

CUBAN

Für 1 Drink

Zutaten

Eis
4 cl Brandy
2 cl Apricot Brandy
2 cl Zitronensaft
1 TL weißer Rum

1. Eis mit den Zutaten übergießen und kräftig schütteln, bis der Shaker beschlägt.

2. In ein gekühltes Martiniglas abseihen und sofort servieren.

BRANDY SOUR

Für 1 Drink

Zutaten

2 cl Zitronen- oder Limettensaft
5 cl Brandy
1 TL Zucker oder Zuckersirup
Eis
Limettenscheibe und Maraschinokirsche, als Garnierung

1. Zitronensaft, Brandy und Zucker gut mit Eis schütteln und in ein Cocktailglas abseihen.

2. Mit Limettenscheibe sowie Kirsche garnieren und sofort servieren.

SIDECAR

Für 1 Drink

Zutaten

4–6 gestoßene Eiswürfel
4 cl Brandy
2 cl Triple Sec
2 cl Zitronensaft
Orangenschalenspirale, als Garnierung

1. Gestoßene Eiswürfel in einen Shaker geben. Eiswürfel mit den flüssigen Zutaten übergießen.
2. Kräftig schütteln, bis der Shaker beschlägt.
3. In ein gekühltes Cocktailglas abseihen und mit der Orangenschale dekorieren. Sofort servieren.

BRANDY JULEP

Für 1 Drink

Zutaten

gestoßenes Eis
4 cl Brandy
1 TL Zuckersirup
4 frische Minzeblätter
frischer Minzezweig und Zitronenscheibe, als Garnierung

1. Gestoßenes Eis in einen gekühlten Tumbler geben.
2. Brandy, Zuckersirup und Minzeblätter hinzugeben und gut umrühren.
3. Den Cocktail mit frischer Minze und der Zitronenscheibe garnieren. Sofort servieren.

PINK WHISKERS

Für 1 Drink

Zutaten

4 cl Apricot Brandy
2 cl Vermouth Dry
4 cl Orangensaft
1 Spritzer Grenadine
Eis

1. Die Zutaten kräftig mit Eis schütteln, bis der Shaker beschlägt.

2. Den Cocktail in ein gekühltes Cocktailglas abseihen und sofort servieren.

Top-Tipp

Überziehen Sie den Drink mit Portwein zur Intensivierung des Geschmacks.

FIRST NIGHT

Für 1 Drink

Zutaten

4 cl Brandy
2 cl Van der Hum
2 cl Tia Maria
1 TL Sahne
Eis
Schokoladensplitter, als Garnierung

1. Die flüssigen Zutaten auf Eis schütteln.

2. In ein gekühltes Martiniglas abseihen und mit Schokoladensplittern garnieren. Sofort servieren.

HEAVENLY

Für 1 Drink

Zutaten

gestoßenes Eis
3 cl Brandy
1 cl Cherry Brandy
1 cl Pflaumenbrand
Maraschinokirschen, als Garnierung

1. Das Eis in ein Rührglas geben.
2. Eis mit den flüssigen Zutaten übergießen und gut verrühren.
3. In ein gekühltes Cocktailglas abseihen und mit den Kirschen garnieren. Sofort servieren.

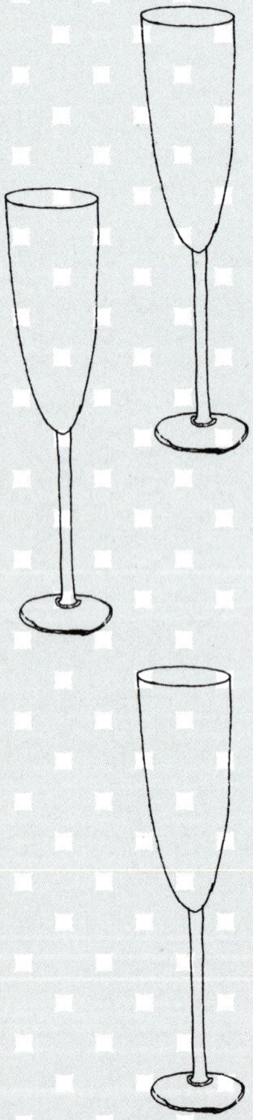

CHERRY KITSCH

Für 1 Drink

Zutaten

2 cl Cherry Brandy
4 cl Ananassaft
1 cl Kirschwasser
1 Eiweiß
Crushed Ice
gefrorene Maraschinokirsche, als Garnierung

1. Cherry Brandy, Ananassaft, Kirschwasser und Eiweiß gut auf Eis schütteln, bis der Shaker beschlägt.
2. In ein hohes, dünnes und gekühltes Glas abseihen und mit der Maraschinokirsche garnieren. Sofort servieren.

GODDAUGHTER

Für 1 Drink

Zutaten

Crushed Ice
4 cl Apfelbrand
2 cl Amaretto
1 TL Apfelmus
gemahlener Zimt, als Garnierung

1. Etwas Crushed Ice in einen Mixer geben und Apfelbrand, Amaretto und Apfelmus hinzufügen.

2. Zu einem glatten Drink verarbeiten und ungesiebt in ein gekühltes Glas geben.

3. Gemahlenen Zimt darüberstreuen und sofort servieren.

BEAGLE

Für 1 Drink

Zutaten

gestoßenes Eis
1 Spritzer Kümmellikör
1 Spritzer Zitronensaft
4 cl Brandy
2 cl Cranberrysaft

1. Gestoßenes Eis in ein Rührglas geben.

2. Jeweils 1 Spritzer Kümmellikör und Zitronensaft über das Eis geben und Brandy sowie Cranberrysaft hinzufügen.

3. Gut verrühren, in ein gekühltes Cocktailglas gießen und sofort servieren.

BRANDY ALEXANDER

Für 1 Drink

Zutaten

4–6 gestoßene Eiswürfel
2 cl Brandy
2 cl dunkle Crème de Cacao
2 cl Sahne
frisch gemahlene Muskatnuss, als Garnierung

1. Gestoßene Eiswürfel in einen Shaker geben.

2. Brandy, Crème de Cacao und Sahne über das Eis gießen und kräftig schütteln, bis der Shaker beschlägt.

3. In ein gekühltes Cocktailglas abseihen. Mit etwas Muskatnuss bestreuen und sofort servieren.

Top-Tipp

Dies ist der perfekte Cocktail zu einem Schokoladendessert.

HOT BRANDY CHOCOLATE

Für 4 Drinks

Zutaten

1 l Milch
100 g Schokolade, in Stücken
2 EL Zucker
8 cl Brandy
6 EL geschlagene Sahne
frisch gemahlene Muskatnuss oder Kakaopulver

1. Milch in einem kleinen Topf erhitzen, ohne zu kochen.

2. Schokolade und Zucker hinzufügen und rühren, bis sich bei geringer Wärme die Schokolade auflöst.

3. In vorgewärmte, hitzebeständige Gläser gießen, dann je 2 cl Brandy über einen Löffelrücken auf die Oberfläche schichten.

4. Die geschlagene Sahne hinzufügen und mit gemahlener Muskatnuss bestreuen. Sofort servieren.

PRICKELNDE COCKTAILS

KIR ROYALE

Für 1 Drink

Zutaten

einige Tropfen Crème de Cassis, je nach Geschmack

1 cl Brandy

Champagner, eisgekühlt

frischer Minzezweig, als Garnierung

1. Cassis in eine Sektflöte gießen.

2. Brandy hinzufügen. Mit Champagner auffüllen.

3. Mit dem Minzezweig dekorieren und sofort servieren.

DISCO DANCER

Für 1 Drink

Zutaten

Eis

2 cl Crème de Banane

2 cl Rum

einige Tropfen Angostura

weißer Schaumwein

1. Die ersten drei Zutaten gut über Eis schütteln.

2. In ein eisgekühltes Glas abseihen und je nach Belieben mit Schaumwein auffüllen. Sofort servieren.

DIAMOND FIZZ

Für 1 Drink

Zutaten

Eis
4 cl Gin
1 cl Zitronensaft
1 TL Zuckersirup
Champagner, eisgekühlt

1. Eis im Shaker mit Gin, Zitronensaft und Zuckersirup übergießen und schütteln, bis der Shaker beschlägt.

2. In eine gekühlte Sektflöte abseihen. Mit Champagner auffüllen und sofort servieren.

CHAMPAGNE SIDECAR

Für 1 Drink

Zutaten

Eis
3 cl Bourbon
2 cl Cointreau
½ cl Zitronensaft
Champagner, eisgekühlt

1. Bourbon, Cointreau und Zitronensaft auf Eis schütteln und in eine gekühlte Sektflöte abseihen.

2. Mit eiskaltem Champagner auffüllen und sofort servieren.

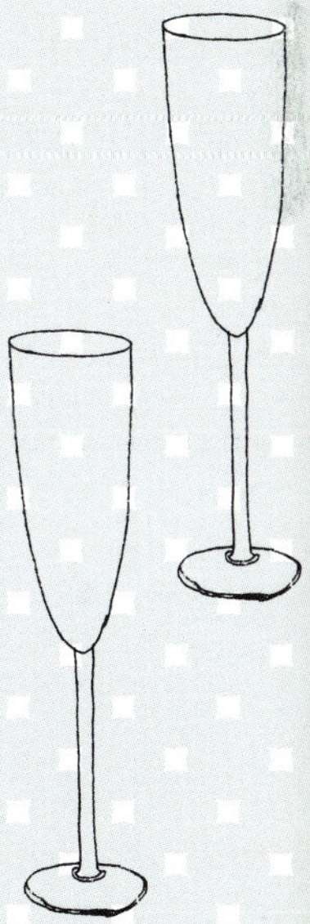

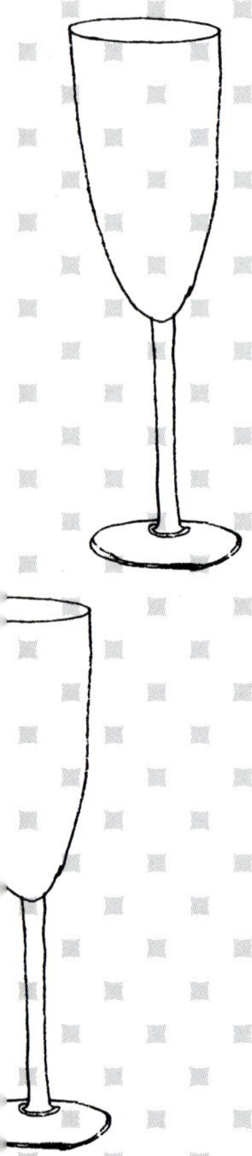

CHAMPAGNE COCKTAIL

Für 1 Drink

Zutaten

1 Zuckerwürfel
2 Spritzer Angostura
2 cl Brandy
Champagner, eisgekühlt

1. Zuckerwürfel auf den Boden einer gekühlten Sektflöte geben.

2. Angostura und Brandy hinzufügen.

3. Mit Champagner auffüllen und sofort servieren.

2

1

3

CHAMPAGNE PICK-ME-UP

Für 1 Drink

Zutaten

4–6 gestoßene Eiswürfel
4 cl Brandy
2 cl Orangensaft
2 cl Zitronensaft
1 Spritzer Grenadine
Champagner, eisgekühlt

1. Gestoßene Eiswürfel in einen Shaker geben.

2. Mit Brandy, Orangensaft, Zitronensaft und Grenadine übergießen und kräftig schütteln, bis der Shaker beschlägt.

3. In ein gekühltes Weinglas abseihen, mit Champagner auffüllen und zügig servieren.

2

1

3

BUCK'S FIZZ

Für 1 Drink

Zutaten

4 cl eiskalter, frisch gepresster Orangensaft

4 cl Champagner, eisgekühlt

1. Eine gekühlte Sektflöte zur Hälfte mit Orangensaft füllen, dann langsam den Champagner hinzufügen. Sofort servieren.

DUKE

Für 1 Drink

Zutaten

2 cl Triple Sec

1 cl Zitronensaft

1 cl Orangensaft

1 Eiweiß

1 Spritzer Maraschinolikör

gestoßene Eiswürfel

Champagner oder Schaumwein, eisgekühlt

1. Triple Sec, Zitronensaft, Orangensaft, Eiweiß und Maraschinolikör kräftig mit dem gestoßenen Eis schütteln, bis der Shaker beschlägt.

2. In ein gekühltes Weinglas abseihen und mit eiskaltem Champagner auffüllen. Sofort servieren.

KISMET

Für 1 Drink

Zutaten

2 cl Gin
2 cl Apricot Brandy
½ TL Ingwersirup
Champagner, eisgekühlt
frische Mangoscheibe, als Garnierung

1. Gin und Brandy in eine gekühlte Sektflöte geben.

2. Den Ingwersirup langsam am Glasrand hinunterlaufen lassen und danach mit Champagner auffüllen. Mit 1 Mangoscheibe dekorieren und sofort servieren.

LONDON FRENCH 75

Für 1 Drink

Zutaten

4 cl London Gin
2 cl Zitronensaft
gestoßene Eiswürfel
Champagner, eisgekühlt

1. Gin und Zitronensaft kräftig mit dem gestoßenen Eis schütteln, bis der Shaker beschlägt.

2. In ein gekühltes Glas abseihen und mit Champagner auffüllen. Sofort servieren.

BELLINI

Für 1 Drink

Zutaten

1 Zitronenspalte
extrafeiner Zucker
2 cl Pfirsichsaft
6 cl Champagner, eisgekühlt

1. Den Rand einer Sektflöte mit der Zitronenspalte einreiben.

2. Zucker auf eine Untertasse geben und das Glas in den Zucker tauchen.

3. Pfirsichsaft in die Sektflöte gießen.

4. Mit Champagner auffüllen.

5. Sofort servieren.

3

1

5

MIMOSA

Für 1 Drink

Zutaten

gestoßenes Eis
1 Maracuja
1 cl Orange Curaçao
Champagner, eisgekühlt
1 Scheibe Sternfrucht, als Garnierung

1. Gestoßene Eiswürfel in einen Shaker geben.

2. Maracuja auslösen und das Fruchtfleisch in den Shaker geben.

3. Curaçao hinzugeben und schütteln, bis der Shaker beschlägt.

4. In eine gekühlte Sektflöte abseihen und mit Champagner auffüllen. Mit der Scheibe Sternfrucht dekorieren.

5. Sofort servieren.

3

2

5

SAN REMO

Für 1 Drink

Zutaten

1 cl Grapefruitsaft
½ cl Triple Sec
½ cl Mandarinenlikör
Eis
Champagner, eisgekühlt
gefrorene Zitrusfruchtscheibe, als Garnierung

1. Die ersten drei Zutaten mit Eis in eine Sektflöte geben.

2. Mit Champagner auffüllen und mit 1 Scheibe Zitrusfrucht garnieren. Sofort servieren.

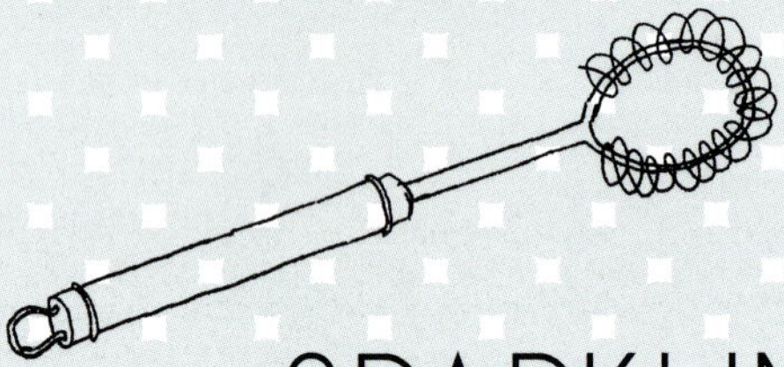

SPARKLING GOLD

Für 1 Drink

Zutaten

2 cl goldener Rum
1 cl Cointreau
Champagner, eisgekühlt

1. Rum und Likör in eine gekühlte Sektflöte gießen und mit Champagner auffüllen. Sofort servieren.

THE BENTLEY

Für 1 Drink

Zutaten

1 cl Cognac oder Brandy

1 cl Pfirsichlikör, Peach Brandy oder Pfirsichbrand

Saft von 1 Maracuja, durchs Sieb passiert

1 Eiswürfel

Champagner, eisgekühlt

1. Die ersten drei Zutaten vorsichtig in einem eisgekühlten Glas mischen.

2. Eiswürfel hinzugeben und langsam mit Champagner angießen. Sofort servieren.

RASPBERRY MIST

Für 24 Drinks

Zutaten

12 cl Irish-Mist-Honiglikör

450 g Himbeeren

250 g Crushed Ice

4 Flaschen trockener weißer Schaumwein, gut gekühlt

24 Himbeeren, als Garnierung

1. Den Likör und die Himbeeren im Mixer mit dem Crushed Ice verarbeiten.

2. Das leicht gefrorene Püree gleichmäßig auf gekühlte Sektschalen verteilen und mit Schaumwein auffüllen.

3. Jedes Glas mit 1 Himbeere dekorieren und sofort servieren.

WILD SILK

Für 2 Drinks

Zutaten

einige Himbeeren
1 cl Sahne
2 cl Himbeerlikör oder Himbeersirup
Crushed Ice
Champagner, eisgekühlt

1. Zwei schöne Himbeeren aussuchen und die restlichen mit Sahne, Himbeerlikör und ein wenig Eis in einem Mixer zu einem halbgefrorenen Drink verarbeiten.

2. In ein gekühltes Glas abgießen und mit Champagner auffüllen.

3. Mit der auf der Oberfläche schwimmenden Himbeere garniert sofort servieren.

BLACK VELVET

Für 1 Drink

Zutaten

Stout oder Guinness, gekühlt

Schaumwein, eisgekühlt

1. Das Glas zur Hälfte mit dem Stout füllen, dann die gleiche Menge Schaumwein vorsichtig über einen Löffelrücken am Glasrand über das Bier schichten.

Top-Tipp

Wenn Sie den Schaumwein über einen Löffelrücken fließen lassen, vermischen sich die verschiedenen Zutaten nicht und bilden klare Schichten.

ROYAL JULEP

Für 1 Drink

Zutaten

1 Zuckerwürfel

3 frische Minzezweige, plus einige als Garnierung

2 cl Jack Daniels Whiskey

Champagner, eisgekühlt

1. In einem kleinen Glas den Zucker und die Minze zusammen mit etwas Whisky zerdrücken.

2. Wenn sich der Zucker aufgelöst hat, den Drink mit dem Rest des Whiskeys in ein gekühltes Glas abgießen und mit Champagner auffüllen.

3. Mit 1 Minzezweig dekorieren und sofort servieren.

CARIBBEAN CHAMPAGNE

Für 1 Drink

Zutaten

1 cl weißer Rum

1 cl Crème de Banane

Champagner, eisgekühlt

Bananenscheiben, als Garnierung

1. Rum und Crème de Banane in eine gekühlte Sektflöte geben und Champagner auffüllen.

2. Vorsichtig umrühren und mit Bananenscheiben garnieren. Sofort servieren.

JADE

Für 1 Drink

Zutaten

½ cl Midori
½ cl Blue Curaçao
½ cl Zitronensaft
1 Spritzer Angostura
gestoßenes Eis
Champagner, eisgekühlt
Limettenscheibe, als Garnierung

1. Midori, Curaçao, Zitronensaft und Angostura kräftig auf Eis schütteln, bis der Shaker beschlägt.

2. In eine gekühlte Sektflöte abseihen. Mit Champagner auffüllen und mit 1 Limettenscheibe dekorieren. Sofort servieren.

UNDER THE BOARDWALK

Für 1 Drink

Zutaten

Crushed Ice
4 cl Zitronensaft
½ TL Zuckersirup
½ Pfirsich, geschält, entsteint und geschnitten
kohlensäurehaltiges Mineralwasser
Himbeeren, als Garnierung

1. Crushed Ice zusammen mit Zitronensaft, Zuckersirup und Pfirsichstücken zu einem halbgefrorenen Cocktail verarbeiten.

2. In einen gekühlten Tumbler abgießen, mit Mineralwasser auffüllen und sachte umrühren.

3. Mit Himbeeren garnieren und sofort servieren.

MONTE CARLO

Für 1 Drink

Zutaten

4–6 Eiswürfel
2 cl Gin
½ cl Zitronensaft
Champagner oder Schaumwein, eisgekühlt
½ cl Crème de Menthe
frischer Minzezweig, als Garnierung

1. Eis in ein Rührglas geben und mit Gin und Zitronensaft übergießen.

2. Schütteln, bis der Drink sehr kalt ist.

3. In eine gekühlte Sektflöte abseihen und mit Champagner auffüllen.

4. Crème de Menthe darübergeben und mit Minzezweig dekorieren.

5. Sofort servieren.

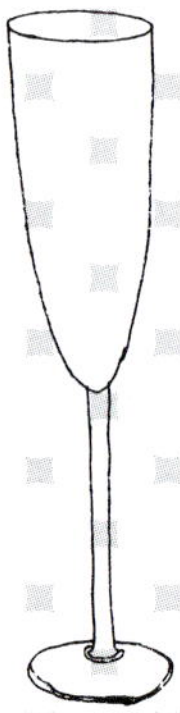

3

1

5

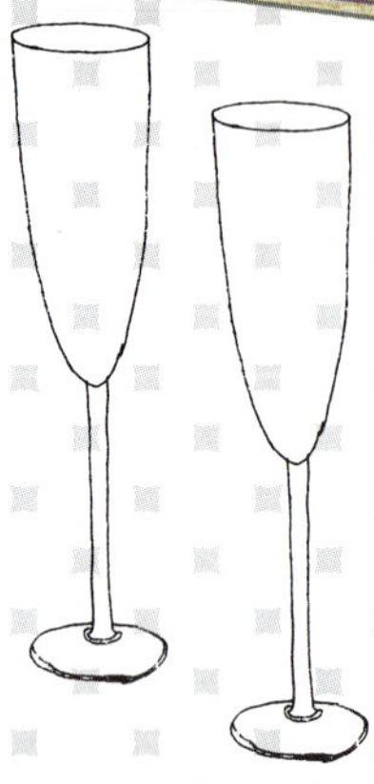

FLIRTINI

Für 1 Drink

Zutaten

¼ Scheibe frische Ananas, klein geschnitten
1 cl Cointreau, eisgekühlt
1 cl Wodka, eisgekühlt
2 cl Ananassaft, eisgekühlt
Champagner, eisgekühlt

1. Ananas in ein Rührglas oder eine Karaffe geben.

2. Ananas zerdrücken und Cointreau, Wodka und Ananassaft hinzufügen. Gut verrühren.

3. In ein Glas abseihen und mit Champagner auffüllen.

4. Sofort servieren.

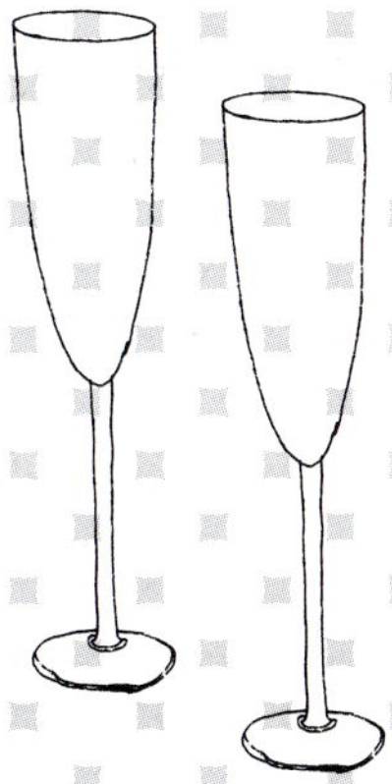

3

2

4

PEACEMAKER

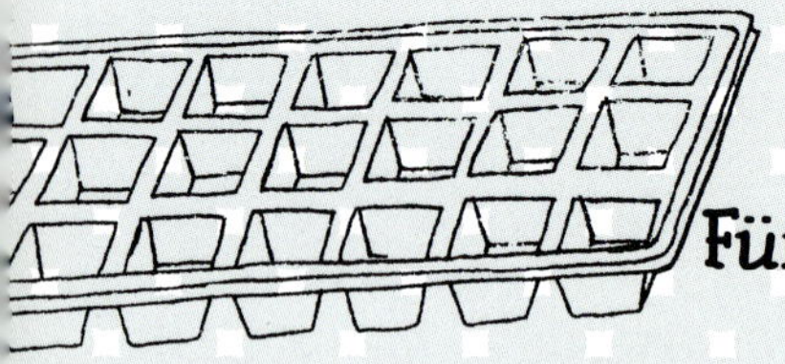

Für 4 Drinks

Zutaten

25 Erdbeeren, entstielt

½ kleine, frische Ananas, geschält und geschnitten

1–2 EL Zucker

2 cl Maraschinolikör

225 ml kohlensäurehaltiges Mineralwasser

1 Flasche trockener Champagner

frische Minzeblätter und Erdbeerscheiben, als Garnierung

1. Früchte und Zucker in eine große Bowlenschüssel geben.

2. Ein wenig Wasser hinzugeben und die Früchte zerdrücken.

3. Maraschino und Mineralwasser hinzufügen und gut vermischen.

4. Mit Champagner auffüllen und mit Minzeblättern und Erdbeerscheiben garnieren. Sofort servieren.

SOUTHERN CHAMPAGNE

Für 1 Drink

Zutaten

2 cl Southern Comfort

1 Spritzer Angostura

Champagner, eisgekühlt

Orangenschalenspirale, als Garnierung

1. Likör und Angostura in eine gekühlte Sektflöte geben und umrühren.

2. Glas mit Champagner auffüllen und mit der Orangenschale dekorieren. Sofort servieren.

AMARETTINE

Für 1 Drink

Zutaten

1 cl Amaretto
1 cl Vermouth Dry
weißer Schaumwein

1. Amaretto und Vermouth in einer gekühlten Sektflöte vermischen. Je nach Geschmack Schaumwein auffüllen und sofort servieren.

SABRINA

Für 1 Drink

Zutaten

2 cl Gin
1 TL Apricot Brandy
1 cl frisch gepresster Orangensaft
1 TL Grenadine
½ cl Cinzano
Eis
lieblicher Schaumwein
Orangen- und Zitronenscheiben, als Garnierung

1. Die ersten fünf Zutaten mit Eis schütteln.

2. In ein hohes Glas füllen und mit Schaumwein auffüllen.

3. Mit Orange und Zitrone garnieren und sofort servieren.

PINK SHERBET ROYALE

Für 2 Drinks

Zutaten

300 ml Schaumwein, gut gekühlt
4 cl Crème de Cassis
2 cl Brandy
Crushed Ice
Brombeeren, als Garnierung

1. Die Hälfte des Schaumweins im Mixer zusammen mit Cassis, Brandy und Eis verarbeiten, bis der Drink wirklich kalt ist.

2. Vorsichtig den Rest des Schaumweins einrühren und in hohe, schmale Gläser füllen.

3. Mit den Brombeeren garnieren und sofort servieren.

1

2

3

KIR LETHALE

Für 1 Drink

Zutaten

1 in Wodka eingelegte Rosine
1 cl Crème de Cassis
1 TL Wodka
Schaumwein

1. Die Rosine auf den Boden einer gekühlten Sektflöte geben.

2. Crème de Cassis und Wodka hinzufügen.

3. Glas mit Schaumwein auffüllen und sofort servieren.

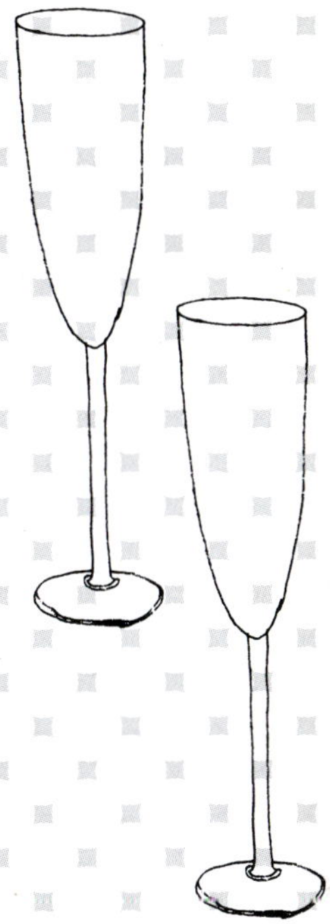

1

3

3

BROKEN NEGRONI

Für 1 Drink

Zutaten

2 cl süßer Vermouth
2 cl Campari
Eis
Schaumwein
½ dünne Orangenscheibe, als Garnierung

1. Vermouth und Campari in ein Rührglas mit Eis geben und umrühren.
2. In eine gekühlte Sektflöte abgießen.
3. Mit Schaumwein auffüllen und das Glas mit der Orangenscheibe dekorieren. Sofort servieren.

SEELBACH

Für 1 Drink

Zutaten

1 cl Bourbon
½ cl Triple Sec
2 Spritzer Angostura
2 Spritzer Peychaud's Bitters
Schaumwein
Orangenschalenspirale, als Garnierung

1. Bourbon und Triple Sec in eine gekühlte Sektflöte geben.
2. Je 2 Spritzer Angostura und Peychaud's hinzufügen.
3. Mit dem Schaumwein auffüllen.
4. Mit der Orangenschale dekorieren und sofort servieren.

DEATH IN THE AFTERNOON

Für 1 Drink

Zutaten

2 cl Pastis

Schaumwein

Zitronenschalenspirale, als Garnierung

1. Pastis in eine gekühlte Sektflöte geben.
2. Mit Schaumwein auffüllen.
3. Glas mit Zitronenschale garnieren und sofort servieren.

THE QUEEN'S COUSIN

Für 1 Drink

Zutaten

2 cl Wodka

1 cl Orangenlikör

1 cl frisch gepresster Zitronensaft

1 TL Triple Sec

1 Spritzer Angostura

gestoßenes Eis

Schaumwein

1. Wodka, Orangenlikör, frisch gepresster Zitronensaft, Triple Sec und Angostura mit Eis in einen Shaker geben.
2. Gut schütteln und in ein gekühltes Weinglas abseihen.
3. Glas mit Schaumwein auffüllen und sofort servieren.

MIDNIGHT'S KISS

Für 1 Drink

Zutaten

Zucker
Zitronenspalte
1 cl Wodka
2 TL Blue Curaçao
gestoßenes Eis
Schaumwein

1. Den Zucker auf eine Untertasse geben. Mit einer Zitronenspalte den Glasrand einer gekühlten Sektflöte befeuchten und dann in den Zucker tauchen.

2. Wodka und Curaçao zusammen mit dem Eis in einen Shaker geben.

3. Gründlich schütteln, in das Glas abseihen und mit Schaumwein auffüllen. Sofort servieren.

Top-Tipp

Für den Zuckerrand können Sie jede Sorte nehmen. Versuchen Sie doch passend zum Glamourfaktor des Cocktails auch mal Rohrzucker.

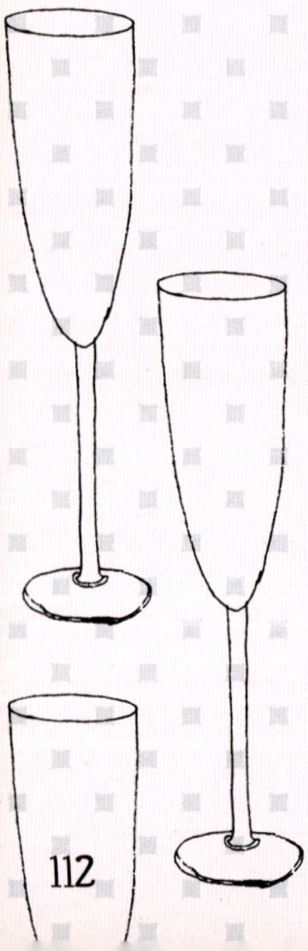

PRETTY IN PINK

Für 1 Drink

Zutaten

2 cl Zitronenlimonade
2 cl Cranberrysaft
Eis
Schaumwein
Minzezweig, als Garnierung

1. Limonade und Cranberrysaft in einen Tumbler mit Eis geben.

2. Sanft umrühren.

3. Glas mit Schaumwein auffüllen.

4. Mit 1 Minzezweig dekorieren und sofort servieren.

SAN JOAQUIN PUNCH

Für 4 Drinks

Zutaten

1 EL Rosinen oder gewürfelte Dörrpflaumen

6 TL Brandy

300 ml Schaumwein oder Champagner, eisgekühlt

300 ml weißer Cranberry- und Traubensaft

Eiswürfel

1. Trockenfrüchte und Brandy in einer kleinen Schüssel vermischen und 1–2 Stunden ziehen lassen.

2. In einer Karaffe Schaumwein, Saft und die „beschwipsten“ Früchte mischen.

3. Mit Eis in Gläser füllen und sofort servieren.

ROYAL SILVER

Für 1 Drink

Zutaten

Grenadine

Zucker

1 cl Birnenbrand

1 cl Triple Sec

4 cl Grapefruitsaft

gestoßenes Eis

Schaumwein

1. Den Rand eines Weinglases zuerst in Grenadine und dann in Zucker tauchen.

2. Birnenbrand, Triple Sec und Saft mit Eis in einen Shaker geben.

3. Gut schütteln und vorsichtig in ein gekühltes Glas abseihen.

4. Mit Schaumwein auffüllen und sofort servieren.

MARILYN MONROE

Für 1 Drink

Zutaten

2 cl Apple Brandy
1 TL Grenadine
Schaumwein
2 Cocktailkirschen, als Garnierung

1. Brandy und Grenadine in eine gekühlte Sektschale geben.

2. Mit Schaumwein auffüllen.

3. Kirschen zur Dekoration über den Glasrand hängen und sofort servieren.

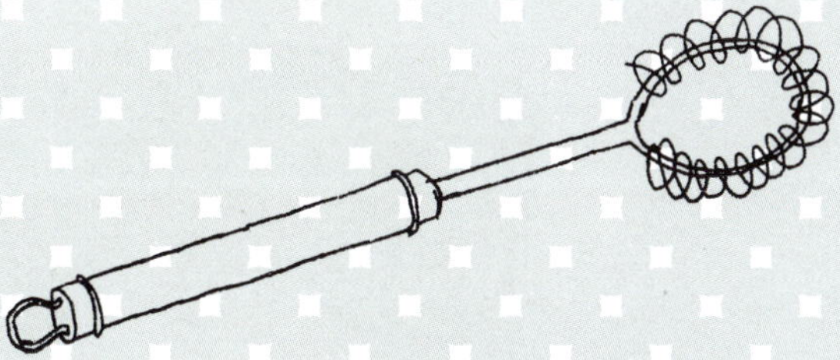

NIGHT & DAY

Für 1 Drink

Zutaten

6 cl Schaumwein
3 TL Brandy
2 TL Orangenlikör
1 TL Campari

1. Schaumwein in eine gekühlte Sektflöte gießen.

2. Langsam Brandy, Orangenlikör und den Campari hinzufügen. Sofort servieren.

THE STONE FENCE

Für 1 Drink

Zutaten

3 cl Bourbon
2 Spritzer Angostura
Eis
Cidre
Minzezweig, als Garnierung

1. Bourbon und Angostura mit Eis in ein gekühltes Longdrinkglas geben.

2. Mit Cidre auffüllen.

3. Mit Minzezweig garnieren und sofort servieren.

1

2

3

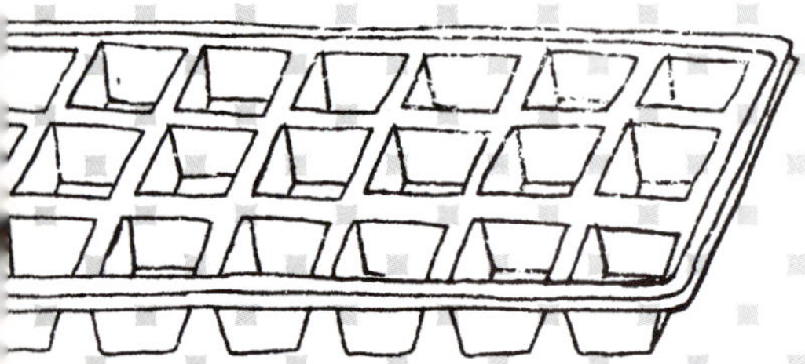

APPLE FIZZ

Für 1 Drink

Zutaten

125 ml Cidre oder Apfelsaft
2 cl Calvados
Saft von ½ Zitrone
1 EL Eiweiß
1 großzügige Prise Zucker
Eis
je 1 Zitronen- und Apfelscheibe, als Garnierung

1. Zusammen mit dem Eis die ersten fünf Zutaten im Shaker mischen.

2. Sofort in ein Glas geben.

3. Mit Zitronen- und Apfelscheibe dekorieren und sofort servieren.

2

1

3

APPLE BREEZE

Für 1 Drink

Zutaten

2 cl Kokos-Rum

Eis

Cidre

Apfelspalte, als Garnierung

1. Rum in ein zur Hälfte mit Eis gefülltes Glas geben.

2. Mit Cidre auffüllen.

3. Glas mit der Apfelspalte dekorieren und sofort servieren.

BLOOD ON THE TRACKS

Für 1 Drink

Zutaten

1 cl Campari

Eis

5 cl Blutorangensaft

kohlensäurehaltiges Mineralwasser

Orangenscheibe und Minzezweig, als Garnierung

1. Campari in ein mit Eis gefülltes Longdrinkglas geben.

2. Den Saft hinzufügen. Nicht umrühren.

3. Mit Mineralwasser auffüllen.

4. Mit Orangenscheibe und Minze garnieren und sofort servieren.

RASPBERRY LEMONADE

Für 4 Drinks

Zutaten

2 Zitronen
100 g Zucker
100 g Himbeeren
einige Tropfen Vanilleextrakt
gestoßene Eiswürfel
kohlensäurehaltiges Mineralwasser
frische Minzezweige, als Garnierung

1. Die Zitronen an den Enden abschneiden, dann das Fruchtfleisch auslösen und zerkleinern.

2. Das Fruchtfleisch mit Zucker, Himbeeren, Vanilleextrakt und dem Eis in einen Mixer geben und 2–3 Minuten verarbeiten.

3. Vier Longdrinkgläser zur Hälfte mit gestoßenem Eis füllen und darin den Cocktail abseihen.

4. Mit Mineralwasser auffüllen und mit Minze garnieren. Sofort servieren.

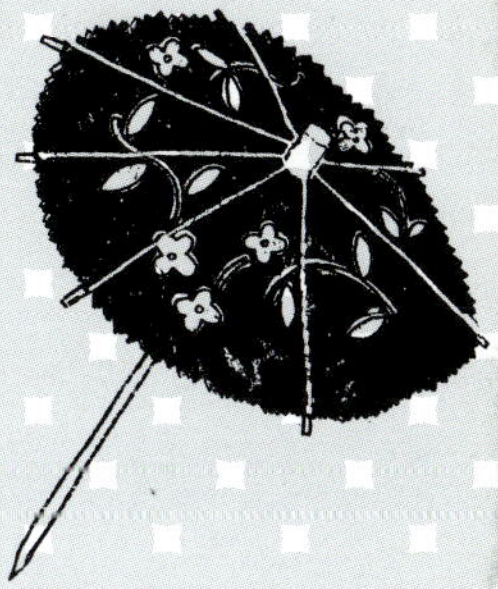

COOL COLLINS

Für 1 Drink

Zutaten

6 frische Minzeblätter, plus einige als Garnierung
1 TL extrafeiner Zucker
4 cl Zitronensaft
gestoßene Eiswürfel
Sodawasser
Zitronenscheibe, als Garnierung

1. Minzeblätter in ein gekühltes Longdrinkglas geben.

2. Zucker und Zitronensaft hinzugeben.

3. Minzeblätter zerdrücken, dann rühren, bis sich der Zucker auflöst.

4. Glas mit gestoßenem Eis füllen und mit Sodawasser auffüllen.

5. Sanft umrühren und mit Minze und Zitronenscheibe garnieren. Sofort servieren.

HEAVENLY DAYS

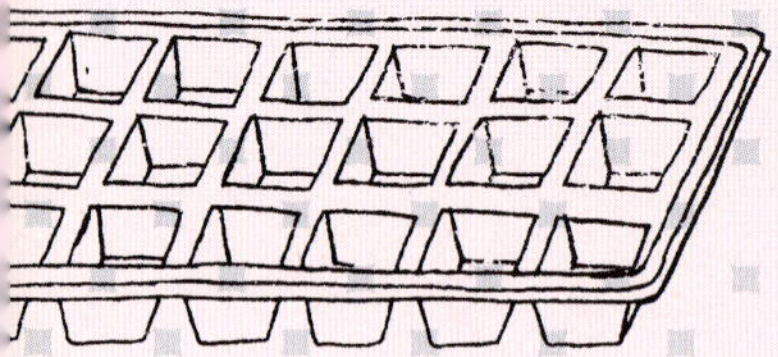

Für 1 Drink

Zutaten

gestoßenes Eis
4 cl Haselnusssirup
4 cl Zitronensaft
1 TL Grenadine
kohlensäurehaltiges Mineralwasser

1. Gestoßenes Eis in einen Shaker geben.

2. Mit Haselnusssirup, Zitronensaft und Grenadine übergießen und kräftig schütteln, bis der Shaker beschlägt.

3. Einen Tumbler zur Hälfte mit gestoßenem Eis füllen und den Cocktail darüber abseihen.

4. Mit Mineralwasser auffüllen und leicht rühren.

5. Sofort servieren.

Top-Tipp

Der perfekte Cocktail, um sich an einem heißen Sommertag zu verwöhnen – garantiert katerfrei!

SUMMER PUNCH

Für 8 Drinks

Zutaten

700 ml Roséwein, gekühlt
1 EL Honig
150 ml Brandy (optional)
120 g Sommerbeeren wie Himbeeren, Blaubeeren und Erdbeeren
3–4 frische Minzezweige, plus einige zum Garnieren
600 ml kohlensäurehaltiges Mineralwasser, eiskalt
Eiswürfel

1. Wein in eine Bowlenschüssel oder eine große Karaffe gießen. Honig hinzugeben und gut umrühren. Brandy hinzufügen, falls gewünscht.

2. Große Beeren in mundgerechte Stücke schneiden und mit den anderen Beeren und der Minze in den Wein geben.

3. Punch 15 Minuten ziehen lassen, dann Mineralwasser und Eis hinzufügen. Beim Füllen der Gläser darauf achten, dass jeder Drink genug Eis und Früchte hat. Mit Minzezweigen garnieren und sofort servieren.

BESONDERE COCKTAILS

EL DIABLO

Für 1 Drink

Zutaten

2 cl Tequila

1 cl frisch gepresster Zitronensaft

1 cl Crème de Cassis

gestoßenes Eis

Ginger Ale

Limettenscheibe, als Garnierung

1. Tequila, Saft und Cassis in einen mit Eis gefüllten Shaker geben. Gut schütteln.

2. Longdrinkglas mit Eis füllen und darin den Cocktail abseihen.

3. Mit Ginger Ale auffüllen und mit der Limette garnieren. Sofort servieren.

EL TORO

Für 1 Drink

Zutaten

4 cl Tequila

2 cl Kaffeelikör

2 cl Sahne

gestoßenes Eis

1. Tequila, Kaffeelikör, Sahne und Eis in einen Shaker geben.

2. Gut schütteln und in ein gekühltes Martiniglas abseihen. Sofort servieren.

HIGH VOLTAGE

Für 1 Drink

Zutaten

4 cl Tequila
2 cl Pfirsichbrand
1 cl frisch gepresster Zitronensaft
gestoßenes Eis
Pfirsichscheibe, als Garnierung

1. Tequila, Pfirsichbrand, Eis und Saft in einen Shaker füllen.
2. Gut schütteln und in ein gekühltes Martiniglas abseihen.
3. Glas mit der Pfirsichscheibe dekorieren und sofort servieren.

SILK STOCKINGS

Für 1 Drink

Zutaten

3 cl Tequila
1 cl Himbeerlikör
1 cl Crème de Cacao
2 cl Sahne
gestoßenes Eis
frische Himbeeren, als Garnierung

1. Tequila, Liköre, Sahne und Eis in einen Shaker geben.
2. Gut schütteln und in ein gekühltes Martiniglas abseihen.
3. Mit Himbeeren auf einem Zahnstocher dekorieren. Sofort servieren.

TEQUILA SLAMMER

Für 1 Drink

Zutaten

2 cl Silver Tequila, eiskalt

Saft von ½ Zitrone

Schaumwein, eiskalt

1. Tequila in ein gekühltes Glas geben.
2. Zitronensaft hinzufügen.
3. Mit Schaumwein auffüllen.
4. Sofort servieren.
5. Das Glas mit einer Hand abdecken und auf die Theke oder den Tisch schlagen.

2

1

4

TEQUILA SUNRISE

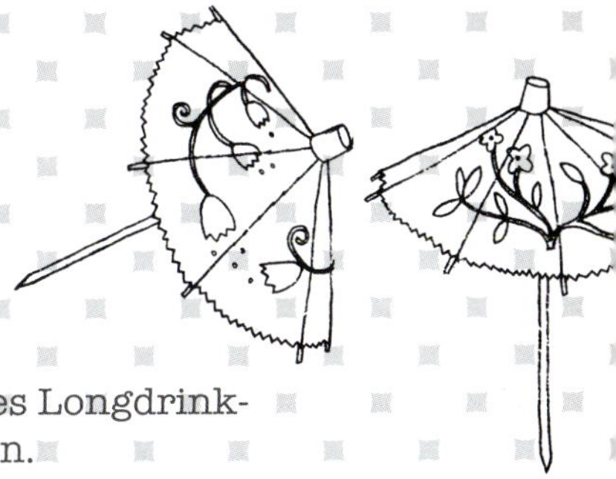

Für 1 Drink

Zutaten

4–6 gestoßene Eiswürfel
4 cl Silver Tequila
Orangensaft
2 cl Grenadine
Orangenscheibe und Cocktailkirsche, als Garnierung

1. Gestoßene Eiswürfel in ein gekühltes Longdrinkglas geben. Darüber den Tequila gießen.

2. Mit Orangensaft auffüllen.

3. Sehr gut umrühren.

4. Langsam mit Grenadine übergießen. Mit Orangenscheibe und Cocktailkirsche dekorieren.

5. Sofort servieren.

2

1

5

BLACK RUSSIAN

Für 1 Drink

Zutaten

4 cl Wodka

2 cl Kaffeelikör

gestoßene Eiswürfel

1. Wodka und Likör über das gestoßene Eis in einen Tumbler gießen.

2. Umrühren und sofort servieren.

JEALOUSY

Für 1 Drink

Zutaten

1 TL Crème de Menthe

1–2 EL Sahne

4 cl Kaffeelikör oder Schokoladenlikör

Schokoladenstäbchen, als Garnierung

1. Crème de Menthe mit der Sahne steif schlagen.

2. Kaffeelikör in ein eisgekühltes Shotglas geben und die steife Minzeschlagsahne behutsam darüberlöffeln.

3. Mit Schokoladenstäbchen sofort servieren.

BANANA SLIP

Für 1 Drink

Zutaten

2 cl Crème de Banane, eisgekühlt

2 cl irischer Sahnelikör, eisgekühlt

1. Eiskalter Crème de Banane in ein gekühltes Shotglas gießen.

2. Mit ruhiger Hand den eiskalten Sahnelikör darübergießen, um zwei klar abgegrenzte Schichten zu erhalten. Sofort servieren.

BLOODY BRAIN

Für 1 Drink

Zutaten

2 cl Pfirsichbrand, eisgekühlt

1 TL irischer Sahnelikör, eisgekühlt

½ TL Grenadine, eisgekühlt

1. Pfirsichbrand in ein Shotglas gießen, dann vorsichtig den Sahnelikör darüberschichten.

2. Schließlich Grenadine hinzufügen und sofort servieren.

BVD

Für 1 Drink

Zutaten

2 cl Brandy
2 cl Vermouth Dry
2 cl Dubonnet
gestoßenes Eis

1. Brandy, trockenen Vermouth und Dubonnet über das gestoßene Eis in ein Rührglas gießen.

2. Umrühren und in ein gekühltes Cocktailglas abseihen. Sofort servieren.

Fakten

Die Namen einiger Cocktails leiten sich von den Initialen der Zutaten ab, wie auch dieser Klassiker aus Brandy, Vermouth und Dubonnet.

SCS

Für 1 Drink

Zutaten

4 cl Sloe Gin
Orangensaft
gestoßene Eiswürfel
Orangenscheibe, als Garnierung

1. Sloe Gin und Orangensaft über gestoßenes Eis in einen Shaker geben, schütteln, bis dieser beschlägt, und in ein gekühltes Glas abseihen.

2. Mit Orangenscheibe dekorieren und zügig servieren.

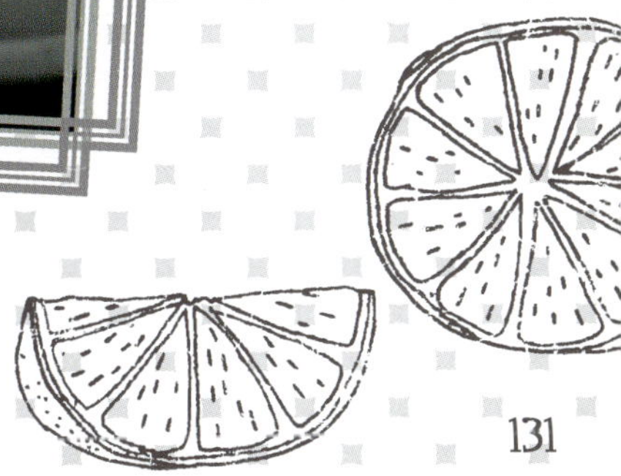

AFRICAN MINT

Für 1 Drink

Zutaten

1,5 cl Crème de Menthe, eisgekühlt

1,5 cl Amarula, eisgekühlt

1. Crème de Menthe bis auf einige Tropfen in ein eiskaltes Shotglas gießen.

2. Amarula langsam über einen Löffelrücken darüberschichten.

3. Die restlichen Tropfen Crème de Menthe über den Amarula träufeln. Sofort servieren.

ZANDER

Für 1 Drink

Zutaten

gestoßene Eiswürfel

2 cl Sambuca

2 cl Orangensaft

1 Spritzer Zitronensaft

Bitter Lemon

1. Ein eiskaltes Glas mit gestoßenem Eis füllen.

2. Sambuca, Orangensaft, gestoßenes Eis und Zitronensaft kräftig schütteln, bis der Shaker beschlägt.

3. In das Glas abseihen und mit Bitter Lemon auffüllen. Sofort servieren.

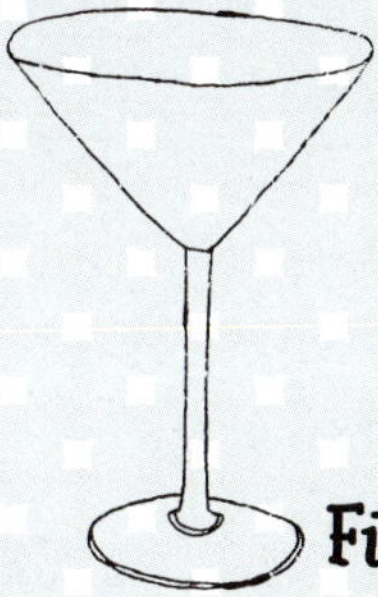

FRENCH KISS

Für 1 Drink

Zutaten

4–6 gestoßene Eiswürfel
4 cl Bourbon
2 cl Aprikosenlikör
2 TL Grenadine
1 TL Zitronensaft

1. Gestoßene Eiswürfel in einen Shaker geben.

2. Mit den flüssigen Zutaten übergießen und kräftig schütteln, bis der Shaker beschlägt.

3. In ein gekühltes Cocktailglas abseihen und sofort servieren.

QUEEN OF MEMPHIS

Für 1 Drink

Zutaten

4–6 gestoßene Eiswürfel
4 cl Bourbon
2 cl Midori
2 cl Pfirsichsaft
1 Spritzer Maraschinolikör
Melonenspalte, als Garnierung

1. Gestoßene Eiswürfel in einen Shaker geben.

2. Mit Bourbon, Midori, Pfirsichsaft und Maraschinolikör übergießen und kräftig schütteln, bis der Shaker beschlägt.

3. In ein gekühltes Cocktailglas abseihen. Mit der Melone dekorieren und zügig servieren.

RATTLESNAKE

Für 1 Drink

Zutaten

2 cl dunkler Crème de Cacao, eisgekühlt
2 cl irischer Sahnelikör, eisgekühlt
2 cl Kahlúa, eisgekühlt

1. Crème de Cacao in ein Shotglas geben.

2. Mit ruhiger Hand den Sahnelikör vorsichtig über einen Löffelrücken darüberschichten.

3. Für die dritte Schicht Schritt 2 mit Kahlúa wiederholen. Nicht umrühren und sofort servieren.

Fakten

Dieser effektvoll geschichtete Cocktail ist nach dem Muster auf der Schwanzspitze der Klapperschlange benannt.

AFTER FIVE

Für 1 Drink

Zutaten

1 cl Pfefferminzschnaps, eisgekühlt
2 cl Kahlúa, eisgekühlt
1 EL irischer Sahnelikör

1. Pfefferminzschnaps in ein gekühltes Shotglas geben.

2. Kahlúa vorsichtig über einen Löffelrücken darüberschichten.

3. Schließlich den Sahnelikör als oberste Schicht anlegen. Sofort servieren.

MELLOW MULE

Für 1 Drink

Zutaten

4–6 gestoßene Eiswürfel
4 cl weißer Rum
2 cl brauner Rum
2 cl goldener Rum
2 cl Falernum (karibischer Rumlikör mit Gewürzen)
2 cl Zitronensaft
Ginger Beer
Ananasscheiben und eingelegter Ingwer, als Garnierung

1. Gestoßene Eiswürfel in einen Shaker geben.

2. Mit weißem Rum, braunem Rum, goldenem Rum, Falernum und Zitronensaft übergießen und kräftig schütteln, bis der Shaker beschlägt.

3. Cocktail in einen hohen, gekühlten Tumbler abseihen.

4. Mit Ginger Beer auffüllen und mit Ananasscheiben und Ingwer dekorieren. Sofort servieren.

JOSIAH'S BAY FLOAT

Für 2 Drinks

Zutaten

4–6 gestoßene Eiswürfel
4 cl goldener Rum
2 cl Galliano
4 cl Ananassaft
2 cl Zitronensaft
4 TL Zuckersirup
ausgehöhlte Ananas, zum Servieren
Champagner
Limetten-, Zitronenscheiben und Cocktailkirschen, als Garnierung

1. Gestoßene Eiswürfel in einen Shaker geben.

2. Mit Rum, Galliano, Ananassaft, Zitronensaft und Zuckersirup übergießen und kräftig schütteln, bis der Shaker beschlägt.

3. In die ausgehöhlte Ananas abseihen.

4. Mit Champagner auffüllen und mit Limetten-, Zitronenscheiben und Cocktailkirschen dekorieren. Sofort servieren.

MINTED DIAMONDS

Für 1 Drink

Zutaten

1 TL grüne Crème de Menthe

1 EL Eiswasser

2 cl weiße Crème de Menthe

4 cl Apfel- oder Birnenbrand

1. Die grüne Crème de Menthe mit dem Wasser mischen und zu Eiswürfeln einfrieren.

2. Weiße Crème de Menthe und Apfel- oder Birnenbrand mit Eis gut im Rührglas verrühren.

3. Den Cocktail in ein gekühltes Glas abgießen und die Minze-Eiswürfel hinzufügen. Trinken, wenn die Eiswürfel zu schmelzen beginnen.

BANANA DAIQUIRI

Für 1 Drink

Zutaten

4 cl weißer Rum, eisgekühlt

1 cl Triple Sec, eisgekühlt

1 cl Zitronensaft

1 cl Sahne, eisgekühlt

1 TL Zuckersirup

¼ Banane, geschält und geschnitten

Limettenscheibe, als Garnierung

1. Alle flüssigen Zutaten in einen Mixer geben.

2. Banane hinzufügen und zu einem glatten Drink verarbeiten.

3. In einen gekühlten Tumbler gießen.

4. Mit Limettenscheibe garnieren und servieren.

CAIPIRINHA

Für 1 Drink

Zutaten

6 Limettenspalten
2 TL feiner Rohrzucker
6 cl Cachaça
4–6 gestoßene Eiswürfel

1. Limettenspalten in einen gekühlten Tumbler geben.

2. Zucker darüberstreuen.

3. Limettenspalten zerdrücken, dann mit Cachaça übergießen.

4. Glas mit gestoßenem Eis auffüllen und gut umrühren.

5. Sofort servieren.

2

1

5

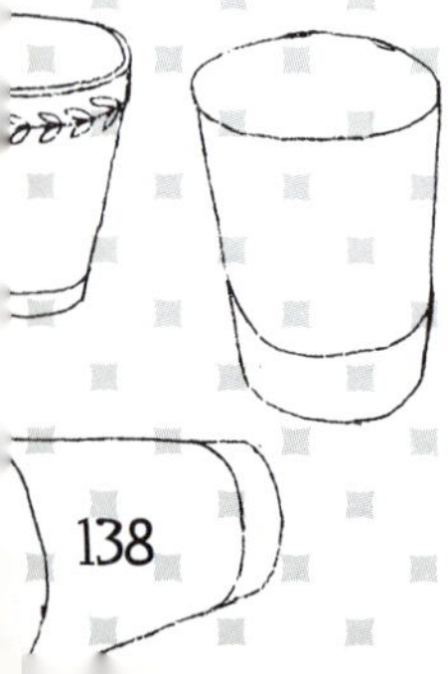

BOURBON MILK PUNCH

Für 1 Drink

Zutaten

4–6 gestoßene Eiswürfel
4 cl Bourbon
6 cl Milch
1 Spritzer Vanilleextrakt
1 TL klarer Honig
frisch gemahlene Muskatnuss, als Garnierung

1. Gestoßene Eiswürfel in einen Shaker geben.

2. Mit Bourbon, Milch und Vanilleextrakt übergießen.

3. Honig hinzufügen und schütteln, bis der Shaker beschlägt.

4. In einen gekühlten Tumbler abseihen und Muskatnuss darüberstreuen.

5. Sofort servieren.

3

2

5

CHERRYCOLA

Für 1 Drink

Zutaten

6–8 gestoßene Eiswürfel
4 cl Cherry Brandy
2 cl Zitronensaft
Cola
Zitronenscheibe

1. Ein gekühltes Glas zur Hälfte mit gestoßenem Eis füllen.

2. Cherry Brandy und Zitronensaft über das Eis gießen.

3. Mit Cola auffüllen, umrühren und mit 1 Zitronenscheibe garnieren. Sofort servieren.

BLUE LAGOON

Für 1 Drink

Zutaten

2 cl Blue Curaçao
2 cl Wodka
1 Spritzer Zitronensaft
Zitronenlimonade

1. Curaçao und Wodka in ein gekühltes Cocktailglas gießen.

2. Zitronensaft hinzufügen und mit Zitronenlimonade auffüllen. Sofort servieren.

TORNADO

Für 1 Drink

Zutaten

2 cl Pfirsichbrand oder ein anderer Obstbrand, eisgekühlt

2 cl schwarzer Sambuca, eisgekühlt

1. Den Brand in ein eiskaltes Shotglas geben.

2. Sambuca sachte über einen Löffelrücken darübergießen.

3. Einige Minuten stehen lassen und zusehen, wie der Sambuca nach unten wirbelt. Dann erst trinken.

WHITE DIAMOND FRAPPÉ

Für 1 Drink

Zutaten

½ cl Pfefferminzschnaps

½ cl weiße Crème de Cacao

½ cl Anislikör

½ cl Zitronensaft

Crushed Ice

1. Pfefferminzschnaps, weiße Crème de Cacao, Anislikör und Zitronensaft auf Crushed Ice schütteln, bis der Shaker beschlägt.

2. In ein gekühltes Martiniglas abseihen und 1 Extralöffel Crushed Ice hinzufügen. Sofort servieren.

B-52

Für 1 Drink

Zutaten

2 cl dunkle Crème de Cacao, eisgekühlt

2 cl irischer Sahnelikör, eisgekühlt

2 cl Grand Marnier, eisgekühlt

1. Crème de Cacao in ein Shotglas füllen.

2. Mit ruhiger Hand langsam den Sahnelikör über einen Löffelrücken darüberschichten.

3. Vorsichtig mit Grand Marnier die dritte Schicht bilden.

4. Glas mit der Hand abdecken und zum Vermischen auf Theke oder Tisch schlagen oder wahlweise auch mit intakten Schichten servieren.

5. Sofort servieren.

2

1

5

TRICOLOUR

Für 1 Drink

Zutaten

2 cl Maraschinolikör, eisgekühlt

2 cl Crème de Menthe, eisgekühlt

2 cl irischer Sahnelikör, eisgekühlt

frisches Minzeblatt, als Garnierung

1. Maraschinolikör in ein eiskaltes Shotglas gießen.
2. Vorsichtig mit Crème de Menthe übergießen.
3. Langsam den Sahnelikör als dritte Schicht aufbauen.
4. Mit Minzeblatt garnieren.
5. Sofort servieren.

2

1

5

SHADY LADY

Für 1 Drink

Zutaten

6 cl Tequila
2 cl Apfelbrand
2 cl Cranberrysaft
1 Spritzer Zitronensaft
Eiswürfel

1. Tequila, Apfelbrand, Cranberrysaft und 1 Spritzer Zitronensaft auf Eiswürfeln schütteln, bis der Shaker beschlägt.

2. In ein gekühltes Martiniglas abseihen und sofort servieren.

PEACH FLOYD

Für 1 Drink

Zutaten

2 cl Pfirsichbrand, eisgekühlt
2 cl Wodka, eisgekühlt
2 cl weißer Cranberry-Pfirsich-Nektar, eisgekühlt
2 cl Cranberrysaft, eisgekühlt
gestoßene Eiswürfel

1. Zutaten mit Eis in einem Rührglas gut durchmischen.

2. In ein eiskaltes Shotglas abseihen und schnell servieren.

CLIMAX

Für 1 Drink

Zutaten

2 cl irischer Sahnelikör
2 cl Mandellikör
2 cl Kaffeelikör
2 cl Sahne
gestoßenes Eis und Eiswürfel

1. Liköre und Sahne in einen Shaker mit gestoßenem Eis geben.

2. Gut schütteln und in einen Tumbler mit Eiswürfeln abseihen. Sofort servieren.

MOO MOO

Für 1 Drink

Zutaten

2 cl irischer Sahnelikör
2 cl Crème de Cacao
6 cl Sahne
gestoßenes Eis und Eiswürfel
gemahlener Zimt, als Garnierung

1. Liköre und Sahne in einen Shaker mit gestoßenem Eis geben.

2. Gut schütteln und in ein Longdrinkglas mit Eiswürfeln abseihen.

3. Ein wenig Zimt darüberstreuen und sofort servieren.

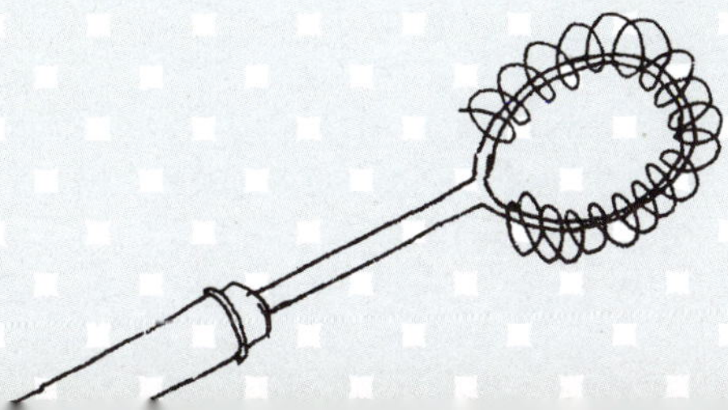

SANGRIA

Für 6 Drinks

Zutaten

Saft von 1 Orange
Saft von 1 Zitrone
2 EL Zucker
gestoßene Eiswürfel
1 Orange, dünn geschnitten
1 Zitrone, dünn geschnitten
1 Flasche gekühlter Rotwein
Zitronenlimonade, nach Geschmack

1. Orangen- und Zitronensaft in eine große Karaffe gießen und rühren.

2. Zucker hinzugeben und umrühren, bis er sich auflöst. Dann Eiswürfel, Zitrusfrüchte und Wein hinzufügen und 1 Stunde ziehen lassen.

3. Nach Geschmack mit Zitronenlimonade und mit gestoßenem Eis auffüllen. Sofort servieren.

Top-Tipp

Je nach Vorlieben und Saison können Sie die Früchte auch variieren.

PINK SQUIRREL

Für 1 Drink

Zutaten

4 cl dunkle Crème de Cacao

2 cl Crème de Noyau

2 cl Sahne

gestoßenes Eis

1. Crème de Cacao, Crème de Noyau und Sahne über das gestoßenes Eis in einen Shaker gießen und kräftig schütteln, bis der Shaker beschlägt.

2. In ein gekühltes Martiniglas abseihen und sofort servieren.

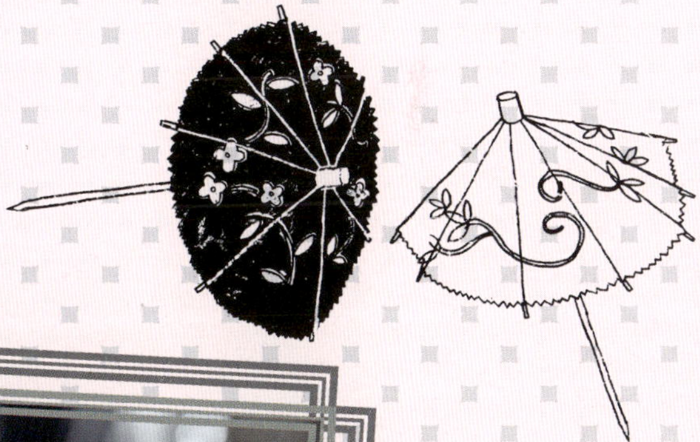

FIRELIGHTER

Für 1 Drink

Zutaten

2 cl Absinth, eisgekühlt

2 cl Limettensirup, eisgekühlt

gestoßene Eiswürfel

1. Absinth und Limettensirup mit gestoßenem Eis schütteln, bis der Shaker beschlägt.

2. In ein gekühltes Shotglas abseihen und sofort servieren.

AMARETTO COFFEE

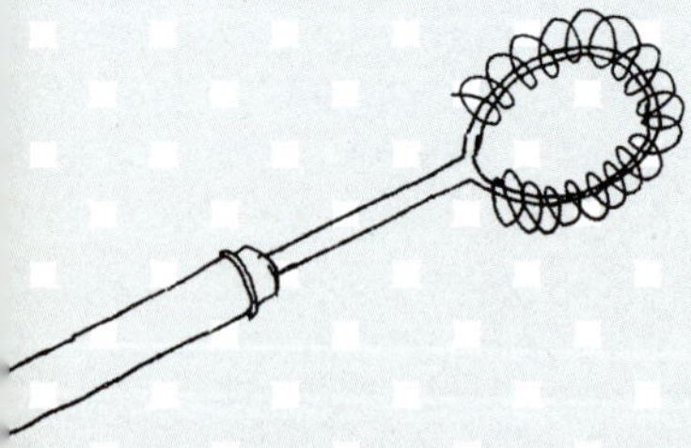

Für 1 Drink

Zutaten

3 cl Amaretto

Zucker

frisch gebrühter, starker schwarzer Kaffee

1–2 EL Sahne

1. Amaretto in ein angewärmtes, hitzebeständiges Glas geben und nach Geschmack Zucker hinzufügen.

2. Kaffee eingießen und umrühren.

3. Nachdem sich der Zucker vollständig aufgelöst hat, Sahne langsam über einen Löffelrücken darüberschichten.

4. Nicht umrühren – genießen Sie den Kaffee, wie er durch die Sahne fließt.

AMARETTO STINGER

Für 1 Drink

Zutaten

4 cl Amaretto
2 cl weiße Crème de Menthe
gestoßene Eiswürfel

1. Amaretto und Crème de Menthe kräftig auf gestoßenem Eis schütteln, bis der Shaker beschlägt.
2. In einen gekühlten Tumbler abseihen und sofort servieren.

MUDSLIDE

Für 1 Drink

Zutaten

3 cl Kahlúa
3 cl irischer Sahnelikör
3 cl Wodka
gestoßene Eiswürfel

1. Kahlúa, Sahnelikör, Wodka und gestoßenes Eis schütteln, bis der Shaker beschlägt.
2. In ein gekühltes Glas abseihen und sofort servieren.

IRISH STINGER

Für 1 Drink

Zutaten

2 cl irischer Sahnelikör

2 cl weiße Crème de Menthe

gestoßene Eiswürfel

1. Sahnelikör und Crème de Menthe kräftig mit gestoßenem Eis schütteln, bis der Shaker beschlägt.

2. In ein gekühltes Shotglas oder Tumbler abseihen.

Top-Tipp

Sie können den Sahnelikör durch 4 cl Brandy ersetzen und erhalten so den klassischen „Stinger".

WHITE COSMOPOLITAN

Für 1 Drink

Zutaten

3 cl Limoncello

1 cl Cointreau

2 cl Cranberry-Trauben-Nektar

gestoßene Eiswürfel

1 Spritzer Orangenbitter

Cranberrys, als Garnierung

1. Limoncello, Cointreau und Cranberry-Trauben-Nektar mit gestoßenem Eis schütteln, bis der Shaker beschlägt.

2. In ein gekühltes Cocktailglas abseihen.

3. Einen Spritzer Orangenbitter hinzufügen, mit den Cranberrys garnieren und sofort servieren.

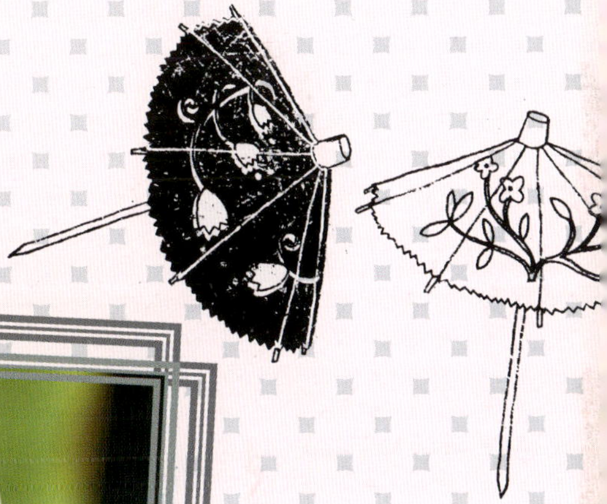

CHOCOLATE MARTINI

Für 1 Drink

Zutaten

1 Orangenscheibe

Kakaopulver

4 cl Wodka

½ cl Crème de Cacao

2 Spritzer Orangenblütenwasser

Eiswürfel

Orangenschalenspirale

1. Den Rand eines Cocktailglases mit der Orangenscheibe anfeuchten. Den Glasrand in Kakaopulver tauchen und beiseitestellen.

2. Wodka, Crème de Cacao und Orangenblütenwasser mit Eis schütteln, bis der Shaker beschlägt.

3. In das Cocktailglas abseihen und mit Orangenschale dekorieren. Sofort servieren.

ALABAMA SLAMMER

Für 1 Drink

Zutaten

2 cl Southern Comfort

2 cl Amaretto

2 cl Sloe Gin

gestoßenes Eis

½ TL Zitronensaft

1. Southern Comfort, Amaretto und Sloe Gin über gestoßenes Eis in ein Rührglas gießen und umrühren.

2. In ein Shotglas abseihen und Zitronensaft hinzufügen. Glas mit einer Hand abdecken, auf die Theke oder den Tisch schlagen und sofort trinken.

TOFFEE SPLIT

Für 1 Drink

Zutaten

Crushed Ice

4 cl Drambuie

2 cl Toffee Liqueur, eisgekühlt

1. Shotglas mit Crushed Ice füllen.

2. Drambuie über das Eis gießen, dann den Toffee Liqueur über einen Löffelrücken darüberschichten. Sofort servieren.

VOODOO

Für 1 Drink

Zutaten

1 cl Kahlúa, eisgekühlt

1 cl Malibu, eisgekühlt

1 cl Butterscotch-Schnaps, eisgekühlt

2 cl Milch, eisgekühlt

1. Kahlúa, Malibu, Butterscotch-Schnaps und Milch in ein gekühltes Shotglas geben und gut verrühren. Sofort servieren.

NAPOLEON'S NIGHTCAP

Für 1 Drink

Zutaten

2,5 cl Cognac
2 cl braune Crème de Cacao
½ cl Crème de Banane
gestoßene Eiswürfel
1 EL Sahne

1. Cognac, Crème de Cacao und Crème de Banane in ein Rührglas mit gestoßenem Eis geben.

2. In ein gekühltes Martiniglas abseihen und mit Sahne überziehen. Sofort servieren.

Fakten

Offensichtlich hat Napoleon zum Einschlafen keine heiße Milch mit Honig getrunken, sondern etwas Hochprozentiges.

IRISH COFFEE

Für 1 Drink

Zutaten

4 cl Irish Whiskey
Zucker
frisch gebrühter, starker schwarzer Kaffee
4 cl Sahne

1. Whiskey in ein angewärmtes, hitzebeständiges Glas geben und nach Belieben Zucker hinzufügen.

2. Kaffee eingießen und umrühren.

3. Nachdem sich der Zucker vollständig aufgelöst hat, Sahne langsam über einen Löffelrücken darüberschichten.

4. Nicht umrühren – genießen Sie den Kaffee, wie er durch die Sahne fließt.

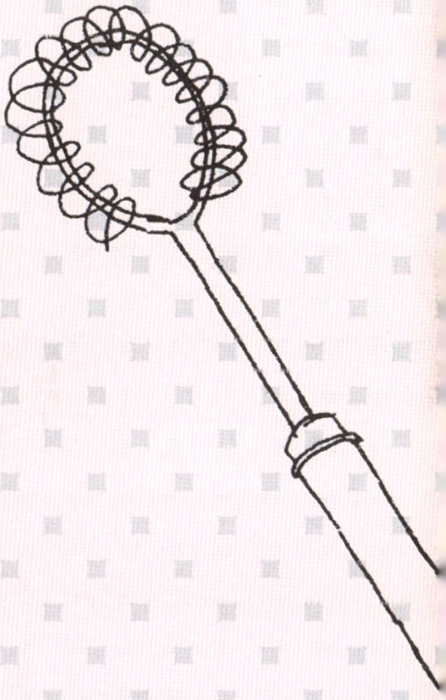

MOCKTAILS

MINI COLADA

Für 1 Drink

Zutaten

gestoßenes Eis
12 cl Milch
6 cl Kokoscreme
8 cl Ananassaft
Ananasstücke, Ananasblätter, Cocktailkirsche, als Garnierung

1. Gestoßenes Eis in einen Shaker geben.
2. Mit Milch und Kokoscreme übergießen.
3. Ananassaft hinzufügen und kräftig schütteln, bis der Shaker beschlägt.
4. Longdrinkglas zur Hälfte mit gestoßenem Eis füllen, darüber den Cocktail abseihen und mit Kirsche, Ananasfruchtfleisch und -blättern dekorieren. Sofort servieren.

MAIDENLY MIMOSA

Für 2 Drinks

Zutaten

175 ml Orangensaft
175 ml weiße Traubensaftschorle
Orangenscheiben, als Garnierung

1. Zwei Sektflöten kalt stellen.
2. Orangensaft auf die Gläser aufteilen und mit Traubensaftschorle auffüllen.
3. Mit Orangenscheiben dekorieren und sofort servieren.

BRIGHT GREEN COOLER

Für 1 Drink

Zutaten

gestoßenes Eis
6 cl Ananassaft
4 cl Zitronensaft
2 cl grüner Pfefferminzsirup
Ginger Ale
Gurken- und Limettenscheibe, als Garnierung

1. In einen Shaker 4–6 gestoßene Eiswürfel geben.

2. Mit Ananas-, Zitronensaft und Pfefferminzsirup übergießen und schütteln, bis der Shaker beschlägt.

3. Longdrinkglas zur Hälfte mit gestoßenem Eis füllen, darüber den Cocktail abseihen.

4. Mit Ginger Ale auffüllen und mit Gurken- und Limettenscheibe dekorieren. Sofort servieren.

SHIRLEY TEMPLE

Für 1 Drink

Zutaten

gestoßenes Eis
4 cl Zitronensaft
1 cl Grenadine
1 cl Zuckersirup
Ginger Ale
Orangenscheibe, als Garnierung

1. In einen Shaker 4–6 gestoßene Eiswürfel geben.

2. Mit Zitronensaft, Grenadine und Zuckersirup übergießen und kräftig schütteln, bis der Shaker beschlägt.

3. Longdrinkglas zur Hälfte mit gestoßenem Eis füllen, darüber den Cocktail abseihen.

4. Mit Ginger Ale auffüllen und mit Orangenscheibe dekorieren. Sofort servieren.

PROHIBITION PUNCH

Für 6 Drinks

Zutaten

850 ml Apfelsaft
350 ml Zitronensaft
125 ml Zuckersirup
gestoßene Eiswürfel
2¼ l Ginger Ale
Orangenscheiben, als Garnierung

1. Apfelsaft in eine große Karaffe gießen.

2. Zitronensaft, Zuckersirup und reichlich gestoßenes Eis hinzufügen.

3. Ginger Ale darübergießen und kurz umrühren. In gekühlte Tumbler gießen und mit Orangenscheiben dekorieren. Sofort servieren.

Top-Tipp

Das ist der perfekte Punch für Kinder auf einer Party bei sommerlichen Temperaturen.

RED APPLE SUNSET

Für 1 Drink

Zutaten

4 cl Apfelsaft
4 cl Grapefruitsaft
1 Spritzer Grenadine
Eiswürfel

1. Apfelsaft, Grapefruitsaft und 1 Spritzer Grenadine über Eiswürfel geben und schütteln, bis der Shaker beschlägt.

2. In ein gekühltes Martiniglas abseihen und sofort servieren.

FAUX KIR ROYALE

Für 1 Drink

Zutaten

4–6 gestoßene Eiswürfel
3 cl Himbeersirup
Apfelsaftschorle, eisgekühlt

1. Gestoßenes Eis in ein Rührglas geben und mit Himbeersirup übergießen.

2. Gut umrühren und in ein gekühltes Weißweinglas gießen.

3. Mit Apfelsaftschorle auffüllen und umrühren.

4. Sofort servieren.

BABY BELLINI

Für 1 Drink

Zutaten

4 cl Pfirsichsaft
2 cl Zitronensaft
Apfelsaftschorle

1. Pfirsichsaft und Zitronensaft in eine gekühlte Sektflöte geben und gut umrühren.

2. Mit Apfelsaftschorle auffüllen und nochmals umrühren. Sofort servieren.

RANCH GIRL

Für 1 Drink

Zutaten

2 cl Limettensaft
2 cl Barbecuesauce
Worcestersauce
Tabasco
Tomatensaft
Eiswürfel
Limettenscheiben, als Garnierung

1. Limettensaft, Barbecuesauce, einige Spritzer Worcestersauce und Tabasco mit Eiswürfeln schütteln, bis der Shaker beschlägt.

2. In ein gekühltes Longdrinkglas abseihen, mit Tomatensaft auffüllen und umrühren.

3. Mit einigen Limettenscheiben dekorieren. Sofort servieren.

BITE OF THE APPLE

Für 1 Drink

Zutaten

Crushed Ice
10 cl Apfelsaft
2 cl Limettensaft
½ TL Mandelsirup
1 EL Apfelmus
gemahlener Zimt

1. Crushed Ice, Apfel-, Limettensaft, Mandelsirup und Apfelmus in einem Mixer zu einem glatten Drink verarbeiten.

2. In ein Longdrinkglas abseihen und mit Zimt überstreuen. Sofort servieren.

VIRGIN MARY

Für 1 Drink

Zutaten

4–6 gestoßene Eiswürfel
6 cl Tomatensaft
2 cl Zitronensaft
2 Spritzer Worcestersauce
1 Spritzer Tabasco
1 Prise Selleriesalz
Pfeffer
Zitronenspalte und Stangensellerie, als Garnierung

1. Gestoßene Eiswürfel in einen Shaker geben und mit Tomatensaft übergießen.

2. Zitronensaft hinzugießen.

3. Worcestersauce und Tabasco hinzufügen. Kräftig schütteln, bis der Shaker beschlägt.

4. Mit Selleriesalz und Pfeffer würzen, in ein gekühltes Glas abseihen und mit Zitronenspalte und Stangensellerie garnieren.

5. Sofort servieren.

2

1

5

SANGRÍA SECA

Für 6 Drinks

Zutaten

475 ml Tomatensaft
225 ml Orangensaft
6 cl Limettensaft
1 cl Tabasco
2 TL Worcestersauce
1 Jalapeño-Chili, entkernt und in kleine Stücke geschnitten
Selleriesalz
weißer Pfeffer (vorzugsweise frisch gemahlen)
gestoßenes Eis

1. Tomatensaft, Orangensaft, Limettensaft, Tabasco und Worcestersauce in eine Karaffe füllen.

2. Die geschnittene Chili hinzugeben und nach Belieben mit Selleriesalz und weißem Pfeffer würzen.

3. Gut durchrühren, abdecken und mindestens 1 Stunde im Kühlschrank kalt stellen.

4. Zum Servieren Longdrinkgläser zur Hälfte mit gestoßenem Eis füllen und darüber den Cocktail abseihen.

5. Sofort servieren.

2

1

5

KNICKS VICTORY COOLER

Für 1 Drink

Zutaten

gestoßenes Eis
4 cl Aprikosensaft
Himbeersaft
Orangenschalenspirale und einige Himbeeren, als Garnierung

1. Longdrinkglas zur Hälfte mit gestoßenem Eis füllen.
2. Mit Aprikosensaft übergießen, mit Himbeersaft auffüllen und sachte umrühren.
3. Mit der Orangenschalenspirale und den frischen Himbeeren dekorieren. Sofort servieren.

NEW ENGLAND PARTY

Für 2 Drinks

Zutaten

Crushed Ice
1 Spritzer Tabasco
1 Spritzer Worcestersauce
1 TL Zitronensaft
1 mittelgroße Karotte, geschnitten
2 Selleriestangen, geschnitten
300 ml Tomatensaft
150 ml Muschelsaft
Salz und frisch gemahlener schwarzer Pfeffer
Selleriestangen, als Garnierung

1. Bis auf Gewürze und Stangensellerie alle Zutaten in einem Mixer zu einem glatten Drink verarbeiten.
2. Danach in eine Karaffe füllen und bedeckt rund 1 Stunde im Kühlschrank kalt stellen.
3. In zwei gekühlte Longdrinkgläser gießen und nach Belieben würzen.
4. Mit Selleriestange garnieren und zügig servieren.

FRUIT COOLER

Für 2 Drinks

Zutaten

225 ml Orangensaft

125 ml Naturjoghurt

2 Eier

2 Bananen, gefroren und geschnitten

Bananenscheiben, mit Schale

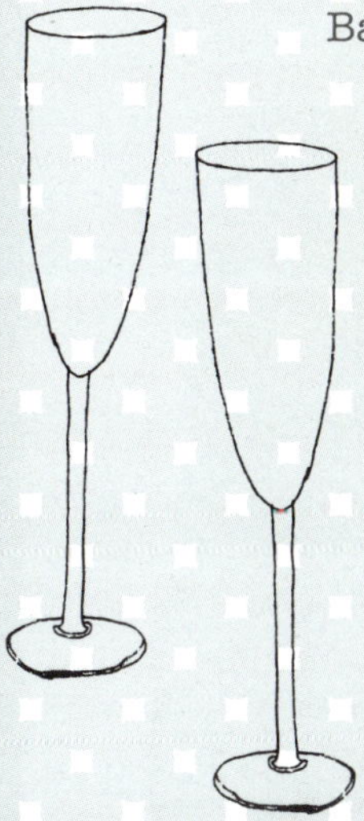

1. Orangensaft und Joghurt in einer Küchenmaschine zu einer Mischung verarbeiten.

2. Eier und gefrorene Bananen hinzufügen und zu einem glatten Drink verarbeiten.

3. Den Cocktail in ein Longdrinkglas füllen und den Glasrand mit Bananenscheiben dekorieren. Sofort servieren.

CITRUS FIZZ

Für 1 Drink

Zutaten

4 cl frisch gepresster Orangensaft, eisgekühlt

Puderzucker

frisch gepresster Zitronensaft

einige Tropfen Angostura

2–6 cl kohlensäurehaltiges Mineralwasser, gut gekühlt

1. Den Rand einer Sektflöte mit Orangen- oder Zitronensaft befeuchten und in den Puderzucker tauchen.

2. Angostura mit den Säften vermischen und dann in das Glas füllen.

3. Mit Mineralwasser nach Belieben auffüllen und sofort servieren.

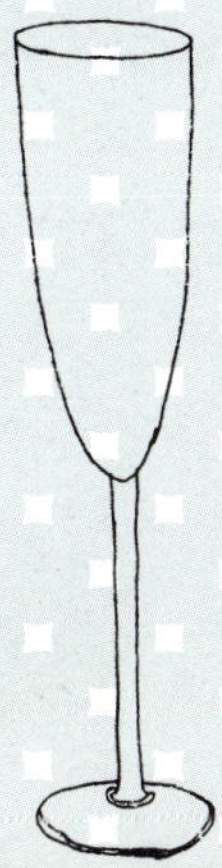

MANGOLASSI

Für 2 Drinks

Zutaten

225 ml Milch

125 ml Naturjoghurt

1 EL Rosenwasser

3 EL Honig

1 reife Mango, geschält und gewürfelt

4–6 Eiswürfel

Rosenblüten, als Garnierung

1. Milch und Joghurt in einer Küchenmaschine miteinander mischen.

2. Rosenwasser und Honig hinzufügen und unterarbeiten.

3. Mango und Eiswürfel hinzufügen und zu einem glatten Drink verarbeiten.

4. In zwei gekühlte Gläser füllen und mit Rosenblüten dekorieren.

5. Sofort servieren.

3

2

5

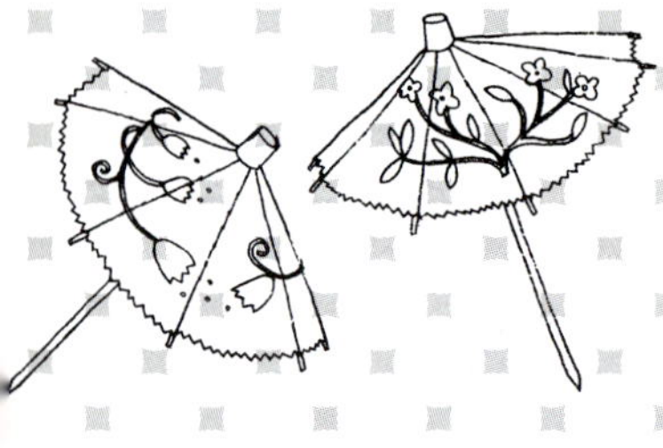

COCONUT CREAM

Für 2 Drinks

Zutaten

350 ml Ananassaft
90 ml Kokosmilch
150 g Vanilleeis
140 g gefrorene Ananasstücke
Schnitze von frischer Kokosnuss, als Garnierung

1. Ananassaft und Kokosmilch in einen Mixer geben.

2. Vanilleeis hinzufügen und zu einem glatten Drink verarbeiten.

3. Genauso mit den Ananasstücken verfahren.

4. Auf zwei gekühlte Gläser aufteilen und mit den Kokosschnitzen dekorieren.

5. Sofort servieren.

2

1

5

COCOBERRY

Für 1 Drink

Zutaten

90 g Himbeeren
Crushed Ice
2 cl Kokoscreme
150 ml Ananassaft
Ananasscheibe
einzelne Himbeeren

1. Himbeeren mit einem Löffel durch ein Sieb drücken und das Püree in einen Mixer geben.

2. Crushed Ice, Kokoscreme und Ananassaft hinzufügen und glatt verarbeiten. In einen gekühlten Tumbler füllen.

3. Mit Ananasscheibe und frischen Himbeeren dekorieren. Sofort servieren.

COCOBELLE

Für 1 Drink

Zutaten

6 cl kalte Milch
2 cl Kokoscreme
2 Kugeln Vanilleeis
3–4 Eiswürfel
Grenadine
geröstete Kokosraspel, als Garnierung

1. Die ersten vier Zutaten im Mixer zu einem halbgefrorenen Drink verarbeiten.

2. Einige Spritzer Grenadine an den Seiten eines gekühlten Longdrinkglases hinunterlaufen lassen.

3. Den Cocktail aus dem Mixer ganz langsam in das Glas gießen und mit den Kokosraspeln garnieren. Sofort servieren.

SLUSH PUPPY

Für 1 Drink

Zutaten

Saft von 1 Zitrone oder ½ Pink Grapefruit

30 ml/2 EL Grenadine

Eiswürfel

einige Zitronenschalenstreifen

2–3 TL Himbeersirup

Sodawasser

Kirsche, als Garnierung

1. Zitronensaft, Grenadine und Eis in ein eisgekühltes Longdrinkglas geben.

2. Zitronenschale, Sirup und Sodawasser hinzufügen. Mit der Kirsche dekorieren und sofort servieren.

THAI FRUIT COCKTAIL

Für 1 Drink

Zutaten

50 ml Ananassaft

50 ml Orangensaft

1 EL Limettensaft

50 ml Maracujasaft

100 ml Guavensaft

Crushed Ice

Blüte, als Garnierung

1. Zutaten zusammen mit Eis in einen Shaker geben und schütteln.

2. In ein mit Eis gefülltes Longdrinkglas gießen und mit der Blüte dekorieren. Sofort servieren.

APPLE PIE CREAM

Für 1 Drink

Zutaten

4–6 gestoßene Eiswürfel
8 cl Apfelsaft
1 kleine Kugel Vanilleeis
Sodawasser
Zimtzucker und Apfelscheibe, als Garnierung

1. Gestoßene Eiswürfel in einen Mixer geben und Apfelsaft sowie Eiscreme hinzufügen.
2. 10–15 Sekunden glatt pürieren. In ein Longdrinkglas gießen und Sodawasser auffüllen.
3. Zimtzucker darüberstreuen und mit der Apfelscheibe dekorieren. Sofort servieren.

Top-Tipp

Für eine alkoholische Variante dieser süßen Erfrischung verwenden Sie Cidre statt Apfelsaft.

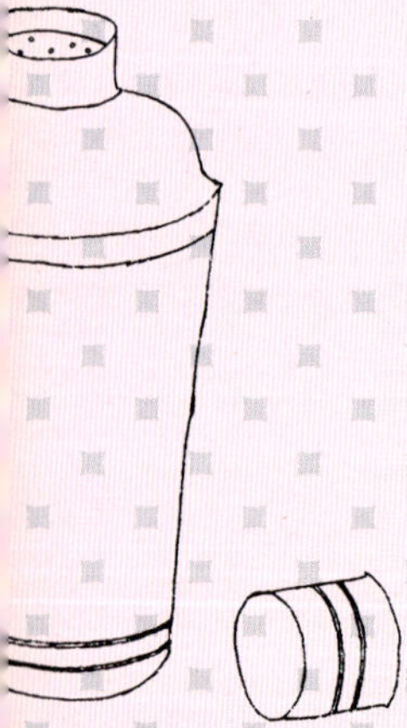

PEACHY CREAM

Für 1 Drink

Zutaten

4 cl Pfirsichsaft, eisgekühlt
4 cl Sahne
Eiswürfel und gestoßenes Eis

1. Pfirsichsaft und Sahne über die Eiswürfel gießen und kräftig schütteln, bis der Shaker beschlägt.

2. Gekühltes Glas zur Hälfte mit gestoßenem Eis füllen und den Cocktail darüber abseihen. Sofort servieren.

GINGER FIZZ

Für 1 Drink

Zutaten

Ginger Ale

frische Minzezweige, plus einige mehr als Garnierung

gestoßenes Eis

frische Himbeeren, als Garnierung

1. In einem Mixer 4 cl Ginger Ale und einige Minzezweige verarbeiten.

2. In ein gekühltes Longdrinkglas abseihen, das zu zwei Dritteln mit gestoßenem Eis gefüllt ist. Mit zusätzlichem Ginger Ale auffüllen.

3. Mit Himbeeren und Minzezweigen dekorieren. Sofort servieren.

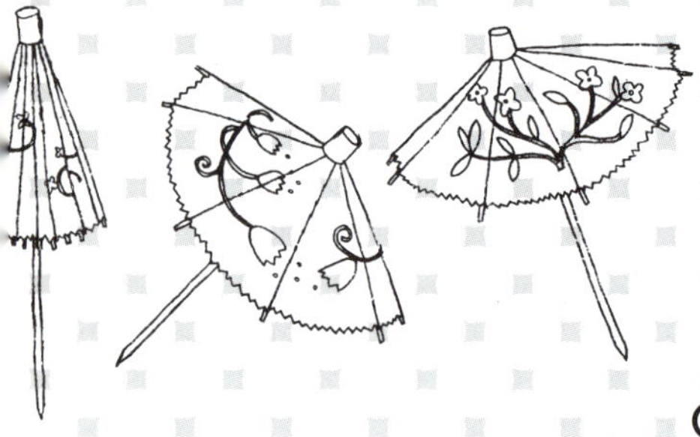

SOBER SUNDAY

Für 1 Drink

Zutaten

50 ml Grenadine

50 ml frisch gepresster Zitronen- oder Limettensaft

Eiswürfel

Zitronenlimonade

Zitronen- oder Limettenscheiben, als Garnierung

1. Grenadine und Fruchtsaft in ein mit Eis gefülltes Longdrinkglas geben.

2. Mit Zitronenlimonade auffüllen und mit Zitronen- oder Limettenscheiben dekorieren. Sofort servieren.

LONG BOAT

Für 1 Drink

Zutaten

Eiswürfel

2 cl Limettensirup

Ginger Beer, alkoholfrei

Limettenspalte und Minzeblätter, als Garnierung

1. Eisgekühltes Glas zu zwei Dritteln mit Eis füllen und dieses mit Limettensirup übergießen.

2. Mit Ginger Beer auffüllen und sanft umrühren.

3. Mit Limettenspalte und Minzeblättern dekorieren. Sofort servieren.

CRANBERRY ENERGIZER

Für 2 Drinks

Zutaten

300 ml Cranberrysaft

125 ml Orangensaft

50 g frische Himbeeren

1 EL Zitronensaft

Orangenscheibe, als Garnierung

1. Cranberrysaft und Orangensaft in einen Mixer geben und sanft vermischen.

2. Himbeeren und Zitronensaft hinzufügen und zu einem glatten Drink verarbeiten.

3. In die Gläser abseihen und mit der Orangenscheibe dekorieren. Sofort servieren.

THE GUNNER

Für 1 Drink

Zutaten

4–6 Eiswürfel

50 ml Zitronensaft

2–3 Spritzer Angostura, nach Belieben

200 ml Ginger Beer, alkoholfrei

200 ml Zitronenlimonade

1. Alle Zutaten in einem Longdrinkglas vermischen.
2. Probieren und nach Geschmack mehr Angostura hinzufügen. Sofort servieren.

Top-Tipp

„The Gunner" ist sehr beliebt, weil er ein leichter und erfrischender Cocktail ist – perfekt für heiße Sommerabende.

PEAR & RASPBERRY DELIGHT

Für 2 Drinks

Zutaten

2 große, reife Birnen, geschält, entkernt und geschnitten
140 g gefrorene Himbeeren
175 ml eiskaltes Wasser
Honig, nach Belieben
Himbeeren, als Garnierung

1. Birnen, Himbeeren und Wasser in einem Mixer glatt pürieren.

2. Nach Geschmack mit Honig süßen, falls die Süße der Himbeeren nicht ausreicht.

3. In Gläser abseihen und mit Himbeeren dekorieren. Sofort servieren.

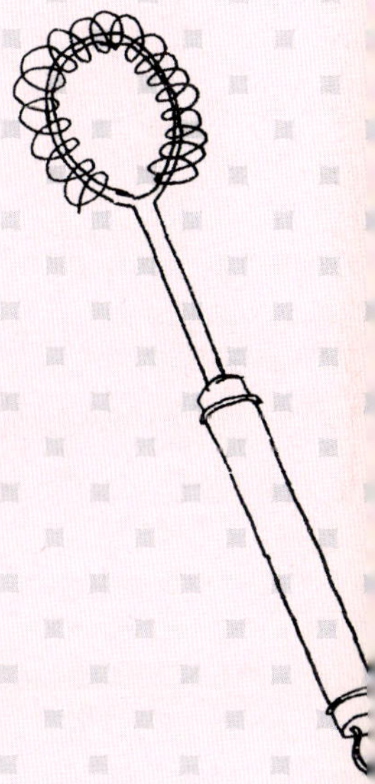

STRAWBERRY COLADA

Für 2 Drinks

Zutaten

450 g Erdbeeren

125 ml Kokoscreme

600 ml Ananassaft, eiskalt

1. Als Garnierung 4 Erdbeeren beiseitelegen. Die übrigen schneiden und in einen Mixer geben.

2. Kokoscreme sowie Ananassaft hinzufügen und glatt pürieren, dann in ein gekühltes Glas füllen und mit Erdbeeren garnieren. Sofort servieren.

ST. CLEMENTS

Für 2 Drinks

Zutaten

Eiswürfel

4 cl Orangensaft

4 cl Bitter Lemon

Orangen- und Zitronenscheiben, als Garnierung

1. Eiswürfel in einen gekühlten Tumbler geben. Darüber Orangensaft und Bitter Lemon gießen.

2. Kurz umrühren und mit Orangen- und Zitronenscheiben dekorieren. Sofort servieren.

BANANA COFFEE BREAK

Für 2 Drinks

Zutaten

300 ml Milch

4 EL Instant-Kaffeepulver

140 g Vanilleeis

2 Bananen, gefroren und in Scheiben geschnitten, plus Scheiben als Garnierung

brauner Zucker, nach Belieben

1. Milch und Kaffeepulver im Mixer vermischen. Die Hälfte des Vanilleeises auf niedriger Stufe einarbeiten, dann mit dem restlichen Eis glatt pürieren.

2. Bananen und nach Belieben Zucker hinzufügen und zu einem glatten Drink verarbeiten.

3. In Longdrinkgläser gießen und mit einigen Bananenscheiben dekorieren. Sofort servieren.

COCO COLADA

Für 1 Drink

Zutaten

8 cl Ananassaft

4 cl Kokoscreme

Crushed Ice

Ananasscheibe und Cocktailkirsche, als Garnierung

1. Saft und Kokoscreme in einen Mixer geben und Crushed Ice hinzufügen.

2. Zu einem halbgefrorenen Drink verarbeiten und in ein gekühltes Glas gießen.

3. Mit Ananas und Kirsche garnieren und sofort servieren.

SOFT SANGRIA

Für 10 Drinks

Zutaten

1,5 l roter Traubensaft
300 ml Orangensaft
75 ml Cranberrysaft
50 ml Zitronensaft
50 ml Limettensaft
100 ml Zuckersirup
Eiswürfel
Zitronen-, Orangen- und Limettenscheiben, als Garnierung

1. Traubensaft, Orangensaft, Cranberrysaft, Zitronensaft, Limettensaft und Zuckersirup in eine gekühlte Bowlenschüssel geben und gut umrühren.

2. Eis hinzufügen und mit Zitronen-, Orangen- und Limettenscheiben garnieren.

Top-Tipp

Das ist die alkoholfreie Variante des spanischen Klassikers. Achten Sie darauf, dass alle Zutaten eisgekühlt sind.

SUNRISE

Für 1 Drink

Zutaten

gestoßenes Eis
4 cl Orangensaft
2 cl Zitronensaft
2 cl Grenadine
kohlensäurehaltiges Mineral-
wasser

1. Gestoßenes Eis in ein gekühltes Longdrinkglas geben und darüber Orangensaft, Zitronensaft und Grenadine gießen.

2. Gut verrühren und mit Mineralwasser auffüllen. Sofort servieren.

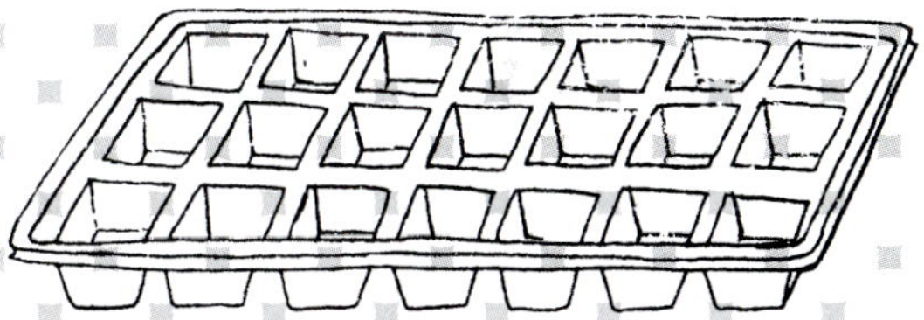

POM POM

Für 1 Drink

Zutaten

Saft von ½ Zitrone
1 Eiweiß
1 Spritzer Grenadine
Crushed Ice
Zitronenlimonade
Zitronenscheibe, als Garnierung

1. Zitronensaft, Eiweiß und Grenadine im Shaker schütteln und über Crushed Ice in einem hohen Glas abseihen.

2. Mit Zitronenlimonade auffüllen und den Glasrand mit der Zitronenscheibe dekorieren. Sofort servieren.

PERKY PINEAPPLE

Für 4 Drinks

Zutaten

gestoßenes Eis
2 Bananen
225 ml Ananassaft, eiskalt
125 ml Limettensaft
Ananasscheibe, als Garnierung

1. Gestoßenes Eis in einen Mixer geben. Bananen schälen und direkt in den Mixer schneiden. Ananas- und Limettensaft hinzufügen und zu einem glatten Drink verarbeiten.

2. In gekühlte Gläser füllen und mit 1 Ananasscheibe garnieren. Sofort servieren.

MOCHA SLUSH

Für 1 Drink

Zutaten

gestoßene Eiswürfel
4 cl Kaffeesirup
2 cl Schokoladensirup
8 cl Milch
feine Schokoraspel

1. Crushed Ice mit Milch, Kaffee- und Schokoladensirup im Mixer zu einem halbgefrorenen Drink verarbeiten.

2. In ein gekühltes Glas gießen und Schokoraspel darüberstreuen. Sofort servieren.

MOCHA CREAM

Für 2 Drinks

Zutaten

200 ml Milch
50 ml Sahne
1 EL brauner Zucker
2 EL Kakaopulver
1 EL Kaffeesirup oder Instant-Kaffeepulver
6 Eiswürfel
geschlagene Sahne und Schokoraspel, als Garnierung

1. Milch, Sahne und Zucker auf niedriger Stufe in einer Küchenmaschine mixen.

2. Kakaopulver und Kaffeesirup hinzufügen und mit den Eiswürfeln zu einem glatten Drink verarbeiten.

3. Den Cocktail in Gläser füllen, mit geschlagener Sahne überziehen und die Schokoraspel darüberstreuen. Sofort servieren.

ARNOLD PALMER

Für 1 Drink

Zutaten

Eiswürfel

6 cl Zitronenlimonade

6 cl Eistee

1. Longdrinkglas zur Hälfte mit Eiswürfeln füllen und mit Zitronenlimonade übergießen.

2. Langsam den Tee einfüllen, damit er sich nicht vermischt.

3. Sofort mit einem Strohhalm servieren.

Fakten

Diese erfrischende Kombination von Eistee und Zitronenlimonade ist nach dem amerikanischen Golfer Arnold Palmer benannt.

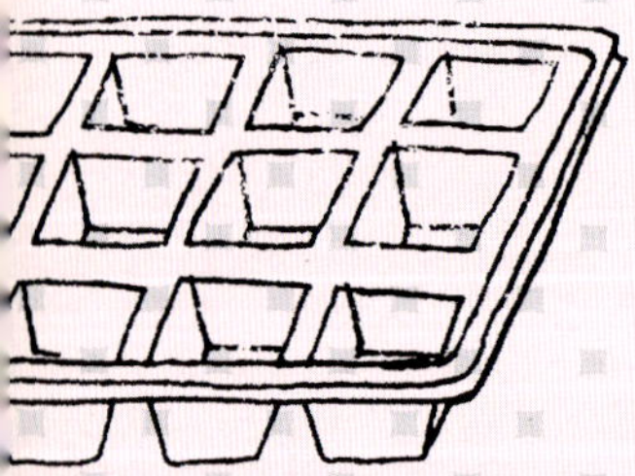

SALTY PUPPY

Für 1 Drink

Zutaten

Zucker
grobes Salz
Limettenspalte
gestoßenes Eis
1 cl Limettensaft
Grapefruitsaft

1. Auf einer Untertasse die gleiche Menge Salz und Zucker vermischen.

2. Den Rand eines Longdrinkglases mit der Limettenspalte befeuchten und in die Zucker-Salz-Mischung tauchen.

3. Das Glas mit gestoßenem Eis füllen und den Limettensaft darübergießen. Mit Grapefruitsaft auffüllen und sofort servieren.

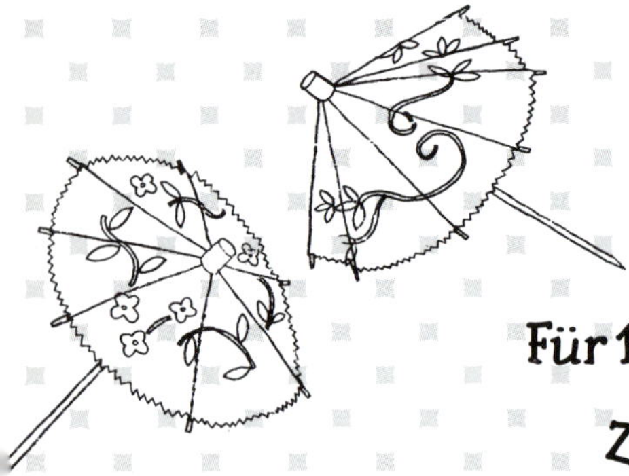

CLAM DIGGER

Für 1 Drink

Zutaten

10–12 gestoßene Eiswürfel
Tabasco
Worcestersauce
8 cl Tomatensaft
8 cl Muschelsaft
¼ TL Sahnemeerrettich
Selleriesalz und frisch gemahlener schwarzer Pfeffer
Stangensellerie und Limettenspalte, als Garnierung

1. In einen Shaker 4–6 gestoßene Eiswürfel geben. Einige Spritzer Tabasco und Worcestersauce darübergeben, Tomatensaft und Muschelsaft eingießen und Sahnemeerrettich hinzugeben. Kräftig schütteln, bis der Shaker beschlägt.

2. Longdrinkglas mit gestoßenem Eis füllen und darüber den Cocktail abseihen. Nach Geschmack mit Selleriesalz und Pfeffer würzen und mit Stangensellerie sowie Limettenspalte dekorieren. Sofort servieren.

COCONUT ISLANDER

Für 1 Drink

Zutaten

1 Ananas
8 cl Ananassaft
2 EL Kokoscreme
8 cl Milch
2 EL pürierte Ananas
3 EL Kokosflocken
Crushed Ice
Kirschen und Ananasblätter, als Garnierung

1. Die Ananas oben aufschneiden und aushöhlen. 3 Esslöffel Ananasfleisch für den Cocktail nutzen, den Rest für Dessert oder Fruchtsalat verwenden.

2. Alle flüssigen Bestandteile, Kokosflocken und ein wenig Crushed Ice 30–40 Sekunden im Mixer pürieren.

3. Wenn der Drink glatt verarbeitet ist, in die ausgehöhlte Ananas füllen. Mit Kirschen und Ananasblättern dekorieren und mit Strohhalmen servieren.

CRANBERRY PUNCH

Für 10 Drinks

Zutaten

600 ml Cranberrysaft
600 ml Orangensaft
150 ml Wasser
½ TL gemahlener Ingwer
¼ TL Zimt
¼ TL frisch geriebene Muskatnuss
gestoßenes Eis
gefrorene Cranberrys, als Garnierung

1. Die ersten sechs Zutaten in einem Topf zum Kochen bringen. Die Hitze reduzieren und 5 Minuten köcheln lassen.

2. Vom Herd nehmen und in eine hitzebeständige Karaffe oder Schale füllen. In den Kühlschrank stellen.

3. Wenn alles kalt genug ist, gestoßenes Eis in Gläser geben, mit dem Cocktail übergießen und mit Cranberrys dekorieren.

NON-ALCOHOLIC PIMM'S

Für 6 Drinks

Zutaten

600 ml Zitronenlimonade, eisgekühlt
450 ml Cola, eisgekühlt
450 ml Ginger Ale, eisgekühlt
Saft von 1 Orange
Saft von 1 Zitrone
Fruchtscheiben und Minzezweige
Eiswürfel

1. Die ersten fünf Zutaten in einer großen Karaffe oder Bowlenschüssel gut vermischen.

2. Früchte und Minze einrühren und kalt stellen. Kurz vor dem Servieren die Eiswürfel hinzufügen.

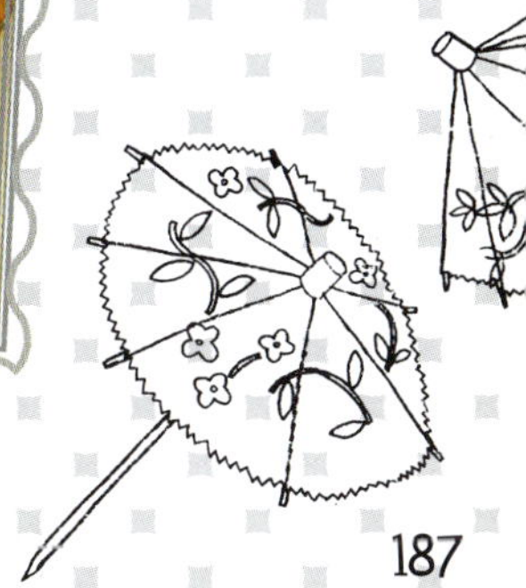

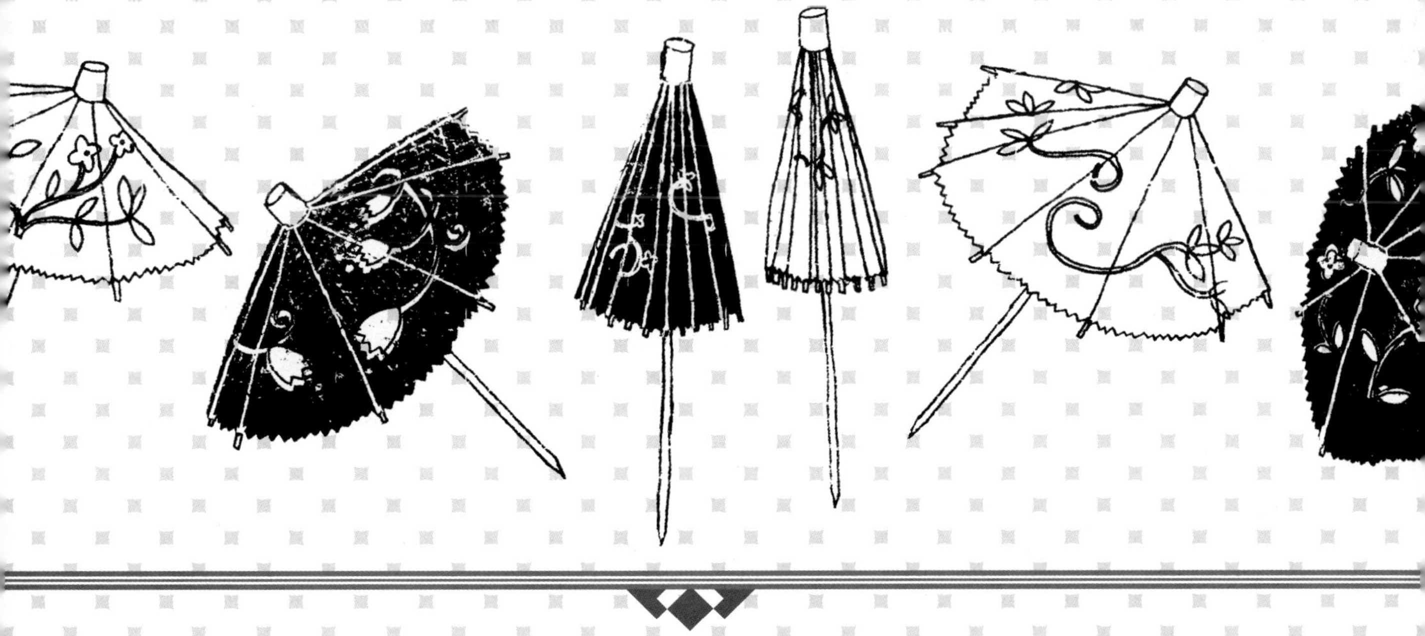

This edition published by Parragon Books Ltd
LOVE FOOD is an imprint of Parragon Books Ltd

Parragon Books Ltd
Chartist House
15–17 Trim Street
Bath BA1 1HA, UK
www.parragon.com

Neue Rezepte: Kim Davies
Neue Fotografien: Mike Cooper
Illustrationen: Charlotte Farmer

Realisation der deutschen Ausgabe:
trans texas publishing services GmbH, Köln

ISBN 978-1-4723-5482-2

Printed in China

Hinweis
Sofern die Schale von Zitrusfrüchten benötigt wird, verwenden Sie unbedingt unbehandelte, heiß abgewaschene Früchte. Sind Zutaten in Löffeln angegeben, ist immer ein gestrichener Löffel gemeint: Ein Teelöffel entspricht 5 ml, ein Esslöffel 15 ml. Sofern nicht anders angegeben, wird Vollmilch verwendet. Eier und einzelne Gemüsestücke sind von mittlerer Größe. Pfeffer wird grundsätzlich frisch gemahlen verwendet. Garnierungen, Dekorationen und Serviervorschläge sind optional. Alkohol bitte verantwortungsbewusst genießen.